Contraste insuffisant des couvertures
supérieure et inférieure

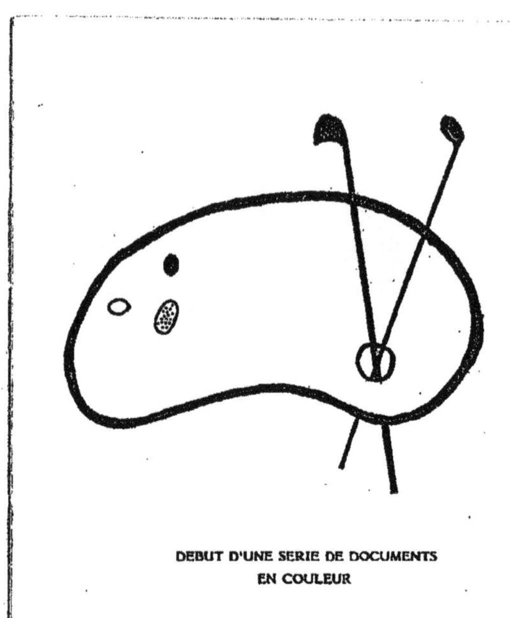

DEBUT D'UNE SERIE DE DOCUMENTS
EN COULEUR

LITURGIE

sous la direction du Révérendissime Dom CABROL

ABBÉ DE FARNBOROUGH

Amédée GASTOUÉ

Les Vigiles Nocturnes

BLOUD & Cie

S. et R. [illegible]

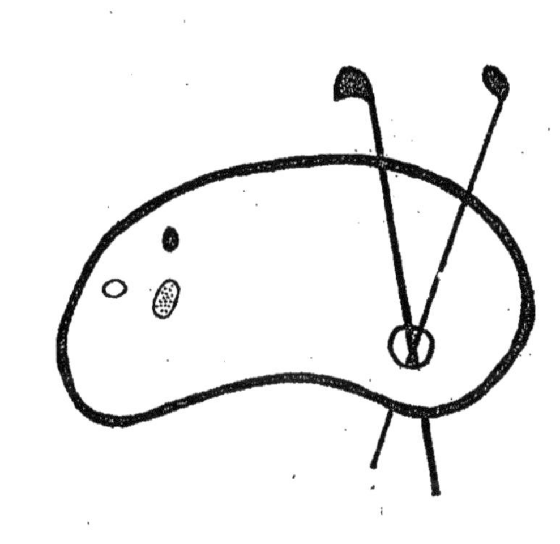

FIN D'UNE SERIE DE DOCUMENTS
EN COULEUR

Les Vigiles Nocturnes

LITURGIE

Série publiée sous la direction du Révérendissime Dom Cabrol, abbé de Farnborough

Les Vigiles Nocturnes

PAR

Amédée GASTOUÉ

PARIS

LIBRAIRIE BLOUD ET Cie

7, PLACE SAINT-SULPICE, 7

1908

DU MÊME AUTEUR

Noël (*405*) .... 1 vol.

L'Eau bénite. *Ses origines, son histoire, son usage* (*449*). 1 vol.

MÊME COLLECTION

Baudot (J.). — **Le Bréviaire romain.** 1 vol. 184 p. (*409-410*) Prix .... **1 fr. 20**

Breton (G.). — **La Messe.** *Etude philosophique et théologique* (*307*) .... 1 vol.

Ermoni (V.). — **Les Origines de l'Episcopat** (*203*), 4e édition .... 1 vol.

— **La Primauté de l'Evêque de Rome dans les trois premiers siècles** (*244*) .... 1 vol.

— *Histoire du Credo.* — **Le Symbole des Apôtres** (*248*) .... 1 vol.

— **L'Agape dans l'Eglise primitive** (*273*)... 1 vol.

— **L'Eucharistie dans l'Eglise primitive** (*290*). 1 vol.

— **Le Baptême dans l'Eglise primitive** (*298*). 1 vol.

— **Le Carême** (*421*) .... 1 vol.

Moussard (M.). — **Apologie du culte catholique** (*211*) .... 1 vol.

Saubin (A.). — **Symbolisme du culte catholique** (*212*) .... 1 vol.

Vacandard (E.). — **La Pénitence publique dans l'Eglise primitive** (*223*) .... 1 vol.

— **La Confession sacramentelle dans la primitive Eglise** (*224*) .... 1 vol.

LES VIGILES NOCTURNES

L'office de nuit dans l'église aux trois quarts sombre, les génuflexions des lecteurs chantant le *Tu autem Domine,* la longue série des psalmodies et les lectures closes par l'hymne triomphale du *Te Deum,* comme tout cela est peu familier à la plupart de nos contemporains !

Cependant, il n'est point besoin de remonter à beaucoup d'années en arrière pour constater, même en de petites églises, la célébration des nocturnes, au moins aux grandes fêtes. Et, si l'on me permet un souvenir personnel, cet office si touchant m'était presque familier lorsque j'étais enfant : je voyais arriver avec une sorte de satisfaction intime le moment où Noël allait ramener l'émotion toute particulière de l'office de nuit, auquel le chantre convie avec entrain les fidèles : *Venite exsultemus Domino* : venez, soyons pleins de joie devant le Seigneur.

A l'heure actuelle, à part quelques confréries qui le font par dévotion, et les prêtres auxquels la règle ecclésiastique ordonne de les réciter chaque jour, il n'est presque plus personne qui connaisse l'organisation de cet office. Et, à peu près seuls, les moines le célèbrent quotidiennement en commun, à l'heure traditionnelle, au « chant de coq » du milieu de la nuit.

C'est avec regret que l'historien et le liturgiste constatent la disparition progressive de la célébration publique des veilles nocturnes, devant d'autres formes, moins officielles, de la piété moderne. Mais si l'Eglise, gardienne des saines traditions, en prescrit toujours l'observation, au moins privée, à l'ordre sacerdotal, c'est qu'il y a là une des plus anciennes coutumes chrétiennes, qui a son histoire intéressante, sa célébration captivante, un *charisma* liturgique indéniable. Dès les origines de notre culte, qui se confondent avec les prédications apostoliques, nous rencontrerons la veillée de chants et de prières à travers les siècles ; nous verrons comment elle fut organisée, sous quelles inspirations et dans quel but ; nous conclurons en terminant que cette prière antique n'a point démérité des suffrages du peuple chrétien, et que la piété ne saurait que gagner à en relever la célébration solennelle.

I

Aux temps des Apôtres et des persécutions.

La vigile nocturne, dans quelque rite que ce soit, tombé en désuétude ou demeuré en usage, comprend plusieurs éléments principaux : 1° la prière ; 2° le chant des psaumes et de quelques autres pièces d'origine ecclésiastique ; 3° de longues lectures de l'Ancien et du Nouveau Testament auxquelles on a joint celles de la vie des saints ; et par suite, 4° des homélies ou sermons explicatifs de la lecture qui vient d'être faite ou consacrées à la solennité qu'on célèbre. En plus, nous remarquerons le choix du psaume invitatoire *Venite exsultemus Domino,* et la division tripartite de ces éléments.

Chez les Juifs, dont la liturgie a été fixée dès le début de notre ère, on ne trouve point les nocturnes tels que nous les avons, mais leurs principaux éléments, séparés d'abord, puis réunis par les apôtres de la foi chrétienne en une seule célébration. Un coup d'œil jeté sur la liturgie des synagogues sera le meilleur point de départ de notre étude sur les vigiles nocturnes.

La veille du sabbat et des grandes fêtes, l'office hébraïque célèbre le soir l'heure liturgique nommé : *Qabbalath-Schabbath.* Elle débute par le magnifique psaume que j'ai cité déjà, la plus belle invitation qui soit pour inviter les enfants d'Israël à louer le Seigneur : le psaume « invitatoire », mentionné par l'auteur de l'épître aux Hébreux (IV, 3-9), qui l'attribue à David lui-même, pour célébrer le repos sabbatique ; le chantre l'entonne solennellement au début de l'office :

« Venez, soyons joyeux en présence de Jéhovah : jubilons devant le rocher de notre salut ;

« Présentons-nous devant sa face en le louant ; et témoignons-lui notre joie par nos psaumes...

« Venez, prosternons-nous et adorons notre Dieu ; fléchissons les genoux devant Jéhovah qui nous a créés...

« Parce qu'il est lui-même notre Dieu ; pour

nous, nous sommes son peuple, et le troupeau de ses pâturages. Aujourd'hui, si vous entendez sa voix, n'endurcissez point vos cœurs... »

Cet invitatoire terminé, on exécute trois psaumes, les 95, 96 et 28 de la Vulgate, une hymne, et l'office se termine comme à l'ordinaire.

Voilà donc la louange ancienne, fidèlement conservée par l'Eglise. La prière, en plus des oraisons finales de l'office qui précède, est représentée par de belles invocations nocturnes, longues oraisons où les diverses fins de la prière sont remarquablement traitées (1). Enfin, la lecture des livres saints, quoique tout à fait exceptionnelle dans les veillées juives, existe aussi ; et son origine, celle par conséquent de la coutume chrétienne, remonte à l'histoire d'Esther.

En effet, comme souvenir de la délivrance du peuple de Dieu par l'héroïne sacrée en cette nuit des Pourim où son massacre était décidé, une fête fut instituée sous le même titre. Sa caractéristique est précisément la vigile, avec la lecture du livre qui raconte les faits commémorés. Le même usage fut plus tard étendu à d'autres fêtes ; après la destruction de Jérusalem par Titus, une célébration annuelle en ramena le souvenir. Une vigile nocturne, semblable à celle de la fête des Pourim, comprend le chant solennel des lamentations du prophète Jérémie, tandis qu'un seul candélabre est allumé devant le tabernacle où repose le livre de la loi.

Voilà donc, pris sur le vif, les éléments liturgiques de la vigile nocturne, tels à peu près que les premiers chrétiens, Juifs convertis, les trou-

(1) On peut les comparer aux grandes prières du même genre données par les Constitutions Apostoliques, et à celles du rit grec.

vérent en usage et les célébrèrent. C'était au culte nouveau de les développer.

La réunion en un seul office du *Qabbalath* hébraïque, de la lecture des livres saints et de la prière nocturne se fit tout naturellement. Dès le début de la prédication apostolique, l'usage s'établit de la longue veillée commençant le soir du sabbat pour se prolonger à travers toute la nuit du samedi au dimanche, jour où Jésus s'était relevé d'entre les morts. Telle est l'origine de la vigile nocturne. C'est pendant une célébration de ce genre que se passa le fait raconté par saint Luc dans les *Actes des Apôtres* (xx, 5-11) :

« [Nos amis] nous ayant précédés, nous attendirent à Troade ; pour nous, ne nous étant embarqués à Philippes qu'après les jours des Azymes, nous les rejoignîmes à Troade au bout de cinq jours et nous y demeurâmes sept jours. Or, celui du sabbat, les disciples étant rassemblés pour la Fraction du pain [c'était le soir], Paul discutait avec eux, car il devait partir le lendemain, et prolongea son discours jusqu'au milieu de la nuit... Or, un adolescent, du nom d'Eutychus, s'étant assis sur la fenêtre, s'endormit profondément, tandis que Paul discutait encore, et, emporté par le sommeil, tomba du troisième étage en bas, et on le releva mort. Mais Paul étant descendu se pencha vers lui, et l'ayant pris dans ses bras, dit : « Ne vous troublez pas, son âme est en lui. » Et étant remonté, ayant rompu le pain et goûté, il prêcha encore beaucoup jusqu'au jour et partit ensuite. »

Nous voyons ici la célébration de la Cène intercalée dans la réunion nocturne, et cette réunion prolongée par l'importance des discours de saint Paul expliquant évidemment la sainte

Ecriture dont on vient de lire une partie. La même ordonnance exista longtemps dans la nuit de Pâques.

A supposer même que la réunion dont on vient de parler n'ait pas été strictement liturgique, un texte un peu moins ancien nous laisse entrevoir que son organisation n'a pas dû tarder à s'imposer. La *Didascalie*, qui renferme des coutumes en usage vers l'an 150, prescrit en effet : « Le jeûne... vous est donc tout particulièrement recommandé, ainsi que, la veille du samedi [au dimanche], la lecture des livres et des psaumes et les prières et supplications pour les pécheurs, ainsi que l'attente et l'espérance de la résurrection (1). »

Ces « prières et supplications », nous les avons toujours, du moins pour la vigile pascale. La nuit, en effet, du Samedi Saint au dimanche — office anticipé actuellement dans la matinée, — les lectures, avec les oraisons qui s'y rapportent, sont suivies de la procession aux fonts baptismaux, pour la bénédiction de l'eau sacramentelle, et la litanie termine cette partie de l'office. Elle est très simple, de forme archaïque, avec ses supplications si précises, tour à tour suivies de *miserere nobis* ou *ora pro nobis,* de *libera nos Domine* ou *te rogamus audi nos*. Sans doute, notre litanie a subi un grand nombre d'additions depuis l'origine, mais à partir de la dernière partie *Peccatores,* elle offre tout à fait, sinon la teneur, au moins l'idée de l'antique supplication.

Dans les liturgies orientales, la litanie est plus développée : à chaque invocation, les fidèles répondent *Kyrie eleison* (ce qu'on faisait parfois

(1) *Didascalie,* traduction de M. l'abbé Nau, dans le *Canoniste contemporain,* XXVe année, page 23.

aussi en Occident), ou l'équivalent du *te rogamus*, ou quelque autre clausule du même genre.

Enfin, dès une haute époque, nous allons en avoir la preuve, l'invocation primitive a été développée plus encore. La simple indication du sujet proposé aux prières mentales des fidèles, faite primitivement par le diacre, comme : *Prions pour la sainte Eglise de Dieu* ou *Daignez conserver et diriger votre sainte Eglise*, s'est transformée en un long avertissement, une *monition*, sorte de petit discours préparatoire, suivi d'une oraison de l'évêque célébrant. Le rit romain a conservé de belles prières de ce genre pour le Vendredi Saint; à la nuit de Pâques, d'autres églises d'Occident, comme celles des Gaules, en célébraient de semblables.

Or, même dans leur teneur actuelle, ces prières sont fort anciennes, et on peut les considérer comme témoins de la primitive Eglise ; les termes employés dans ces supplications témoignent qu'elles ont été écrites pendant le régime des persécutions, probablement vers le milieu du IIIe siècle. Il est loisible à tout le monde de se reporter aux prières romaines solennelles du Vendredi Saint, qu'on trouvera dans un paroissien complet ou une quinzaine de Pâques. Je préfère donner ici un spécimen d'autres oraisons gallicanes peu connues, longtemps et solennellement récitées dans l'église de Paris ou peut-être celle d'Autun :

Prière pour les exilés.

PRÉFACE

« D'une seule âme et d'un seul corps, dans l'esprit de Dieu le Père tout-puissant, prions la miséricorde de Dieu pour nos frères et sœurs éloignés dans la captivité, retenus dans les prisons, envoyés aux mines, afin que le Seigneur soit leur secours, leur protecteur et leur consolateur, et qu'on ne puisse dire qu'il abandonne l'innocence fidèle qui se confie en lui.

ORAISON

« Accordez, Seigneur, leur patrie à ceux qui sont relégués au loin, la délivrance à ceux qui sont enchaînés, aux captifs la liberté, afin que par le secours de votre miséricorde votre peuple soit délivré et en cette vie et en l'autre. Par N. S. J. C. etc. (1). »

Voici une autre monition empruntée au même ordre liturgique ; si on l'a adaptée plus tard à l'intention de la paix des royaumes, elle paraît bien aussi, comme la précédente, avoir été écrite pendant les temps de persécution :

« Prions unanimes, très chers frères, le Seigneur des seigneurs et le roi des rois, qu'il daigne accorder à nous son peuple la paix des rois, afin qu'apaisant leur esprit, notre communauté demeure en repos (2). »

(1) Oratio pro exulibus. Præfatio. Unianimes, et unius corporis in Spiritu Dei Patris omnipotentis, Domini misericordiam deprecemur : pro fratribus et sororibus nostris captivitatibus elongatis, carceribus detentis, metallis deputatis, ut eis Dominus adjutor, protector et consolator existat, neque deesse sibi reputet eos qui fideli in se innocentia perseverant. Oratio. Tribue, Domine, relegatis patriam, vinctis absolutionem, captivis libertatem ; ut plebs tua et in hoc sæculo, et in futuro, misericordiæ tuæ munere liberetur. — (*Sacramentaire gallican*).

(2) Dominum dominantium et regem regnantium, fratres carissimi, omnipotentem unianimes deprecemur, ut nobis populo suo pacem regum tribuere dignetur, ut mitigatis eorum mentibus, requies nobis congregationis istius perseveret. (*Id.*)

La série de ces oraisons et particulièrement la monition ci-dessus, offrent de remarquables spécimens de la prose métrique latine, surtout dans les *cursus* des fins de phrase, comme dans les œuvres de saint Cyprien, dont elles sont probablement, ou à peu près, contemporaines. Il est même fort possible qu'elles aient été composées pour l'Église d'Afrique, dont la liturgie fut fixée, ou au moins organisée, de très bonne heure, comme nous le voyons par les descriptions de Tertullien, de saint Cyprien, de Lactance.

Déjà cependant, vers l'an 200, on hésitait à demander aux chrétiens de passer la nuit entière à l'église, et la réunion commençait vers le milieu de la nuit. Les convocations étaient faites par les diacres, et l'on cherchait à se cacher soigneusement des païens ; ceux-ci pensaient que les chrétiens ne pouvaient ainsi se réunir que pour se livrer aux plus abjectes débauches. L'ordre de la réunion était formé de la lecture des passages scripturaires choisis pour ce jour-là, avec allocution du président, chant des psaumes, et des prières liturgiques où se trouvaient des invocations « pour les empereurs, pour leurs ministres et leurs dignitaires, pour l'état du monde, pour le repos de toutes choses, pour l'attente de la fin (1) ». On y lisait aussi les lettres des évêques, et, chaque mois, on faisait une collecte pour les frères malheureux, surtout les persécutés pour qui on venait de prier : les orphelins et les jeunes filles dans le besoin, les naufragés, ceux qui étaient condamnés aux

(1) Voir les références de tous les textes dans Dom Cabrol, *Dictionn. d'arch. chrét. et de liturgie*, I, 599-601, (Liturgie anténicéenne de l'Afrique).

mines, ou relégués dans les îles et les prisons. Ces mentions sont en étroite relation avec les prières que nous venons de rapporter.

Le recueil anonyme connu sous le nom de Constitutions Apostoliques a encore conservé, à une époque tardive, des règlements d'âge beaucoup plus ancien, donnant les instructions nécessaires pour la célébration de la vigile du dimanche en temps de persécution :

« [On se réunira] au chant du coq, parce qu'il annonce ainsi le moment où le jour va bientôt se lever, pour l'accomplissement des œuvres de lumière. S'il n'est pas possible de se réunir dans l'église à cause des infidèles, tu feras la réunion dans une maison, ô évêque... Si même il était impossible de se réunir, soit à l'église, soit dans une maison, que chacun en son particulier psalmodie, lise et prie, ou bien deux ou trois ensemble... Mais on prendra soin de tenir à l'écart les serviteurs et les servantes, même chrétiens (1). » On peut supposer que cette dernière précaution avait en vue le danger des bavardages auxquels certains domestiques succombent trop facilement : ils pouvaient, à leur insu, devenir des indicateurs bénévoles de la police impériale.

(1) *Const. Apost.*, l. VIII, c. XXXIV (Patr. Gr., I, 1135).

II

Un type primitif de Vigile nocturne : la nuit du Samedi Saint.

Dans la liturgie romaine, que les églises de notre pays suivent depuis le VIIIe siècle, à part un obscurcissement passager, nous avons un type remarquable de vigile solennelle primitive, établie avant l'introduction de l'office nocturne ordinaire : c'est l'antique *pannykhis* des catéchumènes, pour Pâques et Pentecôte, que nous célébrons maintenant dans la matinée du samedi qui précède ces fêtes (1). Petit à petit, cette vigile nocturne a été anticipée jusqu'à l'heure actuelle, et il est curieux de suivre à travers les âges la marche et les raisons de cette anticipation, que nous pouvons constater aussi pour d'autres offices. Mais venons à sa description ; il suffit d'y ajouter peu de choses pour avoir l'impression de son caractère primitif.

Tout d'abord, le clergé étant arrivé processionnellement à la porte de l'église, le célébrant bénit le feu nouveau, destiné à allumer les lampes. Il est à peu près certain que cette

(1) Les anciennes églises d'Occident, à quelque rit qu'elles appartinssent, suivaient d'ailleurs le même ordre, à part quelques différences légères ; je les mentionnerai en passant s'il y a lieu.

fonction, réservée actuellement à la vigile de Pâques, avait lieu autrefois quand il en était besoin, pour les offices de vêpres et de nuit. Chez les Juifs, semblable bénédiction existe aussi. Les formules de la bénédiction du feu, obtenu en frappant le briquet de silex, en donnent le symbolisme profond : c'est l'image de l'ardeur de la charité apportée aux fidèles par le Christ, la pierre angulaire du temple spirituel ; c'est le symbole des désirs célestes qui nous doivent enflammer pour parvenir à la clarté éternelle.

Dieu n'est-il pas la lumière sans fin ? c'est à lui que nous demandons notre illumination intérieure, comme il a daigné éclairer Moïse à la sortie de l'Egypte (1).

Ici prenait place autrefois dans la plupart des églises le chant d'une hymne, superbe invocation au Christ-Dieu, pendant l'allumage des cierges et des lampes. Elle est l'œuvre de saint Prudence, le grand poète espagnol de la fin du IVe siècle ; écoutons ses accents grandioses :

« Créateur de la rutilante lumière, ô bon Chef, qui divises les temps par des alternances réglées ; quand, le soleil couché, l'horrible chaos survient, rends la lumière, ô Christ, à tes fidèles.

« Bien que tu revêtes le firmament d'un incomparable éclat, que tu teignes le pôle de la clarté lunaire, tu nous enseignes à trouver, en

(1) Deus, qui per Filium tuum, angularem scilicet lapidem, charitatis tuæ ignem fidelibus contulisti,... ita... cælestibus desideriis inflammari ut ad perpetuæ claritatis, puris mentibus, valeamus festa pertingere.
Domine Deus Pater omnipotens, lumen indeficiens,... ab eo lumine accendamur... et sicut illuminasti Moysen exeuntem de Ægypto, ita illumines corda et sensus nostros, ut ad vitam et lucem æternam pervenire mereamur.

frappant le silex, la lumière cachée dans la pierre,

« Afin que l'homme n'oublie pas l'espérance d'une lumière divine, cachée sous l'enveloppe corporelle du Christ, qui a voulu se dire la pierre stable, dont les étincelles nous embrasent...

« Que ta cour, ô Père, resplendisse donc des dons de ces mobiles flammes ; que la lumière agisse à l'égal du jour absent, tandis que couverte d'un manteau lacéré, la nuit, vaincue, s'enfuit...

« Mais c'est toi qui es à nos yeux la vraie lumière, lumière aussi pour nos sens, qui te réfléchis au dedans comme au dehors (1)... »

Toutefois, ces belles aspirations n'ont rien de spécial à la vigile de Pâques. Ce jour-là, l'usage s'était introduit que les diacres, pour la bénédiction de la lumière, chantassent un long *præconium* composé par eux-mêmes. Un d'eux, Præsidius de Plaisance, embarrassé de ce devoir de sa charge, s'adressa à saint Jérôme

(1) Inventor rutili, dux bone, luminis,
Qui certis vicibus tempora dividis :
Merso sole, chaos ingruit horridum,
Lumen redde tuis, Christe, fidelibus.

Quamvis innumero sidere regiam
Lunarique polum lampade pinxeris,
Incussu silicis lumina nos tamen
Monstras saxigeno semine quærere :

Ne nesciret homo spem sibi luminis
In Christi solido corpore conditam,
Qui dici stabilem se voluit petram,
Nostris igniculis unde genus venit.

. . . .
Splendent ergo tuis muneribus, Pater,
Flammis mobilibus scilicet atria,
Absentemque diem lux agit æmula,
Quam nox cum lacero victa fugit peplo.
. . . .

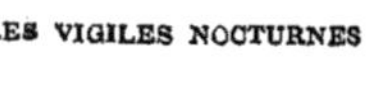

pour le prier de l'aider. Ce Père lui refusa, condamnant le mauvais goût dont les diacres abusaient ordinairement en cette circonstance (1). Cependant, un docteur du même temps, saint Augustin, « quand il était diacre », disent ses anciens manuscrits, ou peut-être saint Ennodius de Pavie, composa pour cette fête la formule admirable de l'*Exsultet* usitée bientôt dans les Gaules, et que l'Eglise romaine à son tour fit passer dans sa liturgie à la place d'une autre oraison du même genre qu'elle abandonna :

« Que soient remplis de joie et la troupe angélique des cieux, et les divins mystères ; et, pour la victoire d'un si grand Roi, que l'on sonne la trompette du salut. Que la terre se réjouisse, illuminée de tels feux : et, qu'éclairé de la splendeur du Roi éternel, le globe entier se sente dépouillé des ténèbres... c'est la nuit dont il est écrit : Et la nuit éclairera comme le jour, et la nuit éclaire mes délices... En cette nuit de grâces, reçois, Père saint, ce sacrifice du soir de l'encens, sous la forme de l'oblation solennelle de ce cierge, produit du travail des abeilles que t'offre la sainte Eglise par la main de ses ministres. Nous te prions donc, Seigneur, que ce cierge consacré en l'honneur de ton nom, brûle sans fin pour dissiper les ténèbres de cette nuit ; et qu'accepté en odeur de suavité, il se mêle aux luminaires célestes. Que l'astre matinal trouve

Tu lux vera oculis, lux quoque sensibus ;
Intus tu speculum, tu speculum foris, etc.

Cette hymne était chantée sur une mélodie du protus plagal (ou 2e ton), sur laquelle on adapta plus tard, en diverses églises, *Sanctorum meritis* et, dans les temps modernes, *Te, Joseph, celebrent*.

(1) Dom G. MORIN, *Revue bénédictine*, 1891, p. 20 ; 1892, p. 392 ; 1895, p. 386.

encore ses flammes, cet astre, dis-je, qui ignore le déclin, celui qui, revenu des enfers, brille de nouveau pour le genre humain dans une sérénité perpétuelle (1)... »

Il faudrait pouvoir citer ici toute la pièce : elle donne une haute idée de la lyrique employée dans la liturgie par les Pères de l'Église. Telle qu'elle est cependant employée maintenant, elle est incomplète. Le texte original renfermait un délicat et ravissant éloge des abeilles, ouvrières de la matière du cierge : suivant les idées inexactes de l'ancienne histoire naturelle, on croyait alors que l'abeille mère opérait seule dans la reproduction, et on en faisait l'image de la Mère du Sauveur. Toute cette partie a été supprimée lors de la revision du missel.

Dans l'Eglise de Milan, la bénédiction de la lumière nocturne, pour la vigile pascale, a été l'occasion d'une pièce lyrique du même genre. Moins élégante dans sa forme littéraire, elle est aussi d'une intense poésie :

« Il convient donc, en cette nuit de l'attente de la résurrection de Notre-Seigneur et Sauveur, d'allumer un flambeau de cire dont la blancheur flatte les regards, dont le parfum réjouisse l'odorat, dont l'éclat illumine, dont la lumière

(1) Exsultet jam angelica cælorum : exsultent divina mysteria ; et, pro tanti Regis victoria, tuba insonet salutaris. Gaudeat et tellus tantis irradiata fulgoribus : et æterni Regis splendore illustrata, totius orbis se sentiat amisisse caliginem... Hæc nox est, de qua scriptum est : Et nox sicut dies illuminabitur : et nox illuminatio mea in deliciis meis... In huius igitur noctis gratia, suscipe sancte Pater, incensi huius sacrificium vespertinum quod tibi in hac cerei oblatione solemni, per ministrorum manus de operibus apum sacrosancta reddit Ecclesia... Oramus ergo te Domine : ut Cereus iste in honorem tui nominis consecratus, ad noctis huius caliginem destruendam, indeficiens perseveret. Et in odorem suavitatis acceptus, supernis luminaribus misceatur. Flammas ejus lucifer matutinus inveniat ; ille, inquam, lucifer, qui nescit occasum : ille, qui regressus ab inferis, humano generi serenus illuxit.

ne cause pas de dégoût, dont la flamme n'exhale pas de noire fumée.

« Quoi, en effet, de plus convenable, de plus joyeux, que de célébrer les veilles de la nuit en l'honneur de Celui qui est la fleur de Jessé, avec des torches dont la matière est empruntée aux fleurs? La Sagesse a chanté, parlant d'elle-même : Je suis la fleur des champs et le lis des vallons. La cire n'est point une sueur arrachée au pin par le feu ; elle n'est point une larme enlevée au cèdre, par les coups répétés de la hache ; sa source est mystérieuse et virginale ; et si elle éprouve une transformation, c'est en prenant la blancheur de la neige.

« Devenue liquide par la fusion, sa surface est unie comme le papyrus, pareille à l'âme innocente ; aucune division ne vient la briser, et sa substance, toujours pure, descend en ruisseaux pour devenir l'aliment de la flamme (1). »

Quel élan ! quelle page délicate sur le symbolisme de la cire dans le cierge, que tout le moyen âge va développer.

C'est à ce moment de la cérémonie que l'ancien rit gallican introduisait les prières solennelles dont j'ai donné plus haut un spécimen.

Discours et prières terminés, les catéchu-

(1) Decet ergo in hoc Domini Salvatoris nostri vespertinæ resurrectionis adventu ceream nos adolere pinguedinem, cui suppetit candor in specie, suavitas in odore, splendor in lumine : quæ nec marcescenti liquore defluit, nec offensam tetri nidoris exhalat ; quid enim magis accomodum, magis festivum, quam ut Jesseïco flori floreis excubemus et tædis ? Præsertim cum et sapientia de semetipsa cecinerit : Ego sum flos agri, et lilium convallium. Ceras igitur nec pinus exusta desudat, nec crebris sauciata bipennibus cedrus illacrymat, sed est illis arcana de virginitate creatio ; et ipsæ transfiguratione nivei candoris albescunt. Eamdem vero papyrum liquida fontis unda producit : quæ instar insontis animæ mellis articulatur sinuata compagibus ; sed virginali circumsepta materie dat hospitalis ignibus alumna rivorum.

mènes sont préparés à mieux goûter les cérémonies de la vigile sainte. On n'y trouve que par exception le chant des psaumes, — la psalmodie nocturne n'était pas alors fixée, — et la veillée est occupée surtout par les longues lectures de la Bible, suivies chacune d'une prière appropriée, et autrefois d'un petit discours explicatif, que l'oraison terminait. Ainsi passe-t-on en revue, avec quatre lectures, le récit de la création, dans les chapitres 1 et 2 de la Genèse ; l'histoire du déluge, (id., chap. 5 à 8) ; la tentation d'Abraham, (id., 22) ; le passage de la mer Rouge, (Exode, 14 et 15), qui amène tout naturellement le chant du premier cantique de Moïse, *Cantemus Domino*, par les lecteurs. Viennent alors les prophéties proprement dites, au nombre de quatre aussi, représentées par Isaïe (54 et 55) ; Baruch (3) ; Ezéchiel, dans son admirable vision des ossements qui reprennent vie ; Isaïe encore (4), avec le chant du cantique qui en est tiré, *Vinea facta est dilecto meo*. Les lectures reprennent dans la forme historique : Exode, (12), la manducation de la Pâque ; Jonas, (3), la prédication à Ninive ; Deutéronome, (31), lorsque Moïse chante son dernier cantique, *Attende cœlum*, et enfin le long récit des trois jeunes gens qui refusent d'adorer la statue de Nabuchodonosor. Cette dernière lecture se terminait par le chant final et solennel des « bénédictions » que le livre de Daniel met dans la bouche des trois jeunes gens ; chaque fois, en effet, que la liturgie fait lire ce récit, il est ainsi conclu, et nous le trouvons d'ailleurs intégralement dans les livres gallicans et wisigothiques.

A cet endroit, on exécute aussi le psaume

Sicut cervus, et l'on se rend processionnellement aux fonts baptismaux, en chantant la litanie simple, d'une forme tout à fait primitive, et dont chaque chœur répète les invocations.

Voilà la première partie de la vigile solennelle, dans sa forme la plus ancienne : elle est évidemment le type sur lequel se modelèrent les autres.

Il n'est pas hors de propos de remarquer, d'une part, la division, en trois sections, des douze lectures, quatre par quatre, la quatrième étant conclue par un chant. Toutefois, cette mélodie n'a rien de commun avec le psaume antiphoné, dont on formera plus tard les nocturnes, ni avec les répons dont la fonction sera précisément de partager les lectures. Ici, c'est un chant amené tout naturellement par le texte sacré, et le même lecteur qui lisait solennellement, avec les inflexions accoutumées, le chapitre biblique, entonnait également seul, avec le ton propre, les versets exécutés mélodiquement.

Dans les églises où les chrétiens de langue grecque et de langue latine étaient également nombreux, comme à Rome et sur le littoral méditerranéen de la Gaule, les lectures étaient dites alternativement dans l'une et l'autre langue.

Une autre observation à faire est celle du choix de ces lectures : elles sont dans un rapport singulier avec les peintures des cimetières souterrains de Rome. De part et d'autre, ce sont les mêmes sujets, envisagés soit comme souvenirs historiques, soit comme symboles de la régénération de l'âme par le baptême et la pénitence, ou comme figure des autres sacrements. Il y a là ce qu'on peut appeler un argument théologique de la plus haute importance, pour la forme de l'enseignement religieux aux catéchumènes. Ici, la lecture commentée du livre saint; là, les scènes représentées qui parlent à l'œil et à l'esprit pour lui inspirer ou lui rappeler le désir des sacrés mystères.

La liturgie de la vigile pascale a ses racines dans les catacombes.

Je ne décrirai pas ici les autres fonctions de cette cérémonie: bénédiction des fonts, baptême, confirmation, messe et première communion, qui rentrent dans l'histoire du catéchuménat.

Mais lorsque les catéchumènes s'étaient retirés, alors les fidèles à leur tour continuaient la vigile, avec l'invitatoire et trois psaumes seulement, suivis de la lecture de l'évangile de la résurrection (Marc, XVI), accompagnée d'une homélie de l'évêque.

Tel était le programme de la vigile pascale; il est resté à peu près le même, sauf l'absence des catéchumènes, et l'anticipation de la première partie de la vigile dans la journée du Samedi Saint.

La description de cette veillée nocturne à forme tout à fait archaïque nous aidera à mieux comprendre le mécanisme des vigiles quotidiennes lorsqu'elles furent définitivement organisées.

III

La formation de la psalmodie nocturne au IVe siècle.

Au IVe siècle, une forme plus parfaite de la vie religieuse donne à l'Eglise une activité plus intense : l'institution des solitaires et des cénobites, qui vont soutenir leurs pénitences et leurs prières par de nouveaux genres d'offices. Ils adoptent des coutumes spéciales, qui mettront sur l'organisation des heures liturgiques une empreinte définitive, dont elles ont toujours gardé la marque.

C'est qu'aussi bien l'Eglise alors sent plus que jamais le besoin de la prière : la fin des persécutions donne un élan considérable aux conversions, mais en même temps les grandes hérésies s'élèvent.

L'arianisme en particulier et la réaction orthodoxe qu'il suscite vont puissamment agiter les communautés chrétiennes d'Orient et d'Occident ; et c'est souvent tout autant le désir de fuir l'hérésie que d'autres causes, qui entraîne tant d'ermites dans les déserts.

En dehors des heures canoniales alors en usage : laudes, avec un rudiment d'office privé à tierce, sexte, none (neuf heures du matin, midi, trois heures du soir) et à la douzième heure (vêpres), auxquelles on ajoute la vigile du dimanche et des fêtes, les solitaires instituent une grande et solennelle prière : ils y consacrent tout ou partie de la nuit. C'est la récitation quotidienne et intégrale du psautier complet, du

« canon » de louanges, c'est-à-dire des cent cinquante psaumes augmentés d'un choix de pièces analogues tirées des autres livres de la Bible : les odes ou cantiques scripturaires, déjà ordonnés par saint Paul aux chrétiens primitifs (1). La mise en pratique de cette ascèse spirituelle relia dès lors la vigile ordinaire à l'office matinal des laudes, avec lesquelles elle ne forma bientôt qu'un tout.

Aussi, nous voyons cet ensemble, — invitatoire, lectures et psautier, laudes, — désigné tout à la fois sous le nom de vigiles, de nocturnes, ou de matines.

On tenta bientôt d'unir le peuple fidèle à l'office ascétique, et pour les mêmes raisons : la prière et la propagande contre l'hérésie. Antioche, Milan, Rome, Constantinople, entre les années 348 et 390, voilà les centres principaux où se développa tout d'abord l'organisation de l'office nocturne, calqué sur les coutumes des solitaires, et, en certains pays, des usages spéciaux amenés par la nécessité de battre les hérétiques avec leurs propres armes.

Rien n'est plus curieux que les récits des historiens contemporains nous initiant aux circonstances multiples qui amenèrent la formation de cet office solennel ; ce sont des relations très détaillées, remplies des traits les plus propres à faire revivre à nos yeux cette époque troublée.

Une doxologie commençait à être fort en faveur en Orient ; on prenait l'habitude de la chanter à la fin des psaumes, comme un refrain, ou de la répéter en procession entre les versets dits par les chantres : *Gloire au Père, et au*

(1) Ephes., v, 18-20 ; Coloss., III, 16-17.

Fils, et au Saint-Esprit, dans les siècles des siècles. Amen. Mais Arius, qui admettait des degrés différents entre les hypostases divines, s'offusquait de voir la doxologie mettre sur le même rang les trois personnes de la Trinité. Il fit donc chanter à ses partisans : *Gloire au Père par le Fils (*ou *avec le Fils), dans le Saint-Esprit,* pour exprimer la subordination et l'inégalité des trois personnes divines, bien qu'en elle-même cette formule n'ait rien d'hérétique.

Les condamnations conciliaires portées contre la doctrine avaient été impuissantes à enrayer les progrès de l'hérésie ; particulièrement en Orient, orthodoxes et ariens étaient d'une force à peu près égale, et chaque parti cherchait à l'emporter. A Antioche, le patriarche Léonce, préoccupé avant tout de profiter des biens de son Eglise, cherchait à se tenir entre les deux partis, n'osant se déclarer ouvertement arien, ce qui l'exposait à être répudié par les catholiques, et ne voulant pas sévir contre les hérétiques, de peur de s'attirer leur vengeance. Or, clercs et peuple se partageaient entre les deux doctrines et, à l'office, tandis qu'on chantait la doxologie, chacun disait la formule de son parti : mais Léonce, pour ne pas paraître favoriser les uns plus que les autres, s'arrangeait de manière à ne point articuler nettement le *Gloire au Père ;* il ne prononçait distinctement que la finale, *dans les siècles des siècles. Amen.*

Deux hommes pieux d'Antioche, Diodore, qui devint plus tard évêque de Tarse, Flavien, qui monta bientôt sur le siège patriarcal, gémissaient de cette situation, et cherchèrent dans la prière et le chant un moyen d'y remédier. « Ces hommes admirables, avant même d'avoir été initiés au sacerdoce et n'étant encore que laïcs, s'appliquèrent à promouvoir parmi ceux qui les entouraient la dévotion populaire aux prières de nuit comme à celles de jour. Ils inaugurèrent (1) la distribution des chœurs, pour le chant des psaumes, en deux groupes auxquels ils apprirent à chanter alternativement les mélodies de David... Quand cette coutume eut été implantée à Antioche, on la vit se répandre bientôt jusqu'aux extrémités de la terre. Ils rassemblaient aux mémoires des martyrs les fidèles d'une piété fervente et célébraient avec eux les louanges divines pendant la nuit entière. Léonce n'osa point les en empêcher (2). »

En même temps, Flavien et Diodore organisaient cette nouvelle façon d'exécuter les psaumes, en y introduisant le chant des *antiennes* qu'ils avaient empruntées aux églises syriaques, les traduisant dans leur propre langue (3).

Nous ne savons rien de précis sur l'introduction à Rome de cet office de nuit. Un témoignage romain recueilli par le *Liber Pontificalis* dit seulement, au sujet du pape Damase (366-384) : « Il ordonna le chant des psaumes jour et nuit dans toutes les églises : il le prescrivit aux prêtres, aux évêques et aux moines. »

D'ailleurs, l'Eglise de Rome n'était à ce moment point troublée par l'hérésie arienne, et cela explique que nous n'ayons pas d'autre détail sur ce sujet. Mais la Haute-Italie et Milan en étaient infestés, et les églises de cette ville

(1) A l'imitation des églises de la Syrie orientale.

(2) THÉODORET, *Hist. eccles.*, II, 19.

(3) Théodore de Mopsueste, dans Nicetas CHONIATES, *Thesaurus fidei*, V, 30.

étaient livrées aux Ariens, lorsque saint Ambroise en fut élu archevêque : le terrain était préparé pour recevoir la nouvelle dévotion, dont l'introduction à Milan se présenta tout naturellement à l'esprit d'Ambroise : « Combien j'ai pleuré », dit saint Augustin, « ému profondément par les voix qui faisaient résonner suavement ton église au chant des hymnes et des cantiques... Il n'y avait pas longtemps que l'Eglise de Milan avait inauguré avec beaucoup de soin la célébration de cette pratique consolante et réconfortante : les voix et les cœurs unis des frères qui chantaient. Depuis environ un an ou un peu plus, Justine, mère de l'empereur Valentinien encore enfant, séduite par les Ariens, persécutait ton Ambroise à cause de l'hérésie qu'elle professait. Le peuple fidèle veillait dans l'église prêt à mourir avec son évêque, ton serviteur... c'est alors que fut institué le chant des hymnes et des psaumes à la façon des pays orientaux, de peur que le peuple ne succombât à l'ennui (1). »

« C'est pour la première fois qu'à cette occasion les antiennes, les hymnes, et les vigiles commencèrent à être célébrées, dévotion qui persévère jusqu'aujourd'hui non seulement dans la même église, mais encore dans presque toutes les provinces de l'Occident (2). » Cela se passait vers l'an 386.

Quelques années plus tard, saint Jean Chrysostome, qui occupait alors le siège d'Antioche, était transféré sur celui de Constantinople. La situation était de plus en plus tendue. On dut à l'initiative du nouvel archevêque « les dévelop-

(1) *Confessions*, IX, 6-7.

(2) PAULIN, *Vie de saint Ambroise* (Patr. Lat., XIV, 31).

pements de la prière et l'hymnologie nocturne tels que nous les pratiquons maintenant », dit l'historien Socrate, « voici comment il y fut amené (1) ».

Les églises dont s'étaient précédemment emparés les Ariens dans la ville de Constantinople leur avaient été enlevées par Théodose ; et ils ne possédaient plus que celles de la campagne. Chaque semaine, aux jours consacrés à la célébration solennelle de la liturgie, le samedi et le dimanche, ils se réunissaient pendant la nuit sous les portiques publics. Là, partagés en deux chœurs, ils exécutaient des cantiques, composés suivant leur doctrine, en forme d'antiennes. Ils chantaient ainsi une partie de la nuit, et dès le point du jour partaient en cortège pour se rendre aux endroits où ils devaient célébrer leur liturgie. Petit à petit, ils introduisirent dans leurs refrains des textes injurieux pour les catholiques, destinés à fomenter des disputes, tels que cette antienne assez singulière : « Où sont-ils, ceux qui disent que trois ne sont qu'une même puissance ? » Jean Chrysostome, redoutant que les hérétiques n'attirassent par là les gens simples à leur parti, proposa à quelques personnes pieuses de psalmodier de la même manière, en s'appliquant au chant des vigiles nocturnes. Bientôt le groupe s'augmenta, et les catholiques eurent une réputation supérieure à celle des Ariens, d'autant plus qu'à la psalmodie nocturne on avait joint des processions solennelles où l'on portait de grandes croix d'argent surmontées de cierges allumés,

(1) *Hist. Eccl.*, VI, 8. Dans l'alinéa suivant, je réunis le récit de Socrate avec les autres détails fournis par Sozomène, *Hist. eccl.*, VIII, 8.

pour illuminer la marche du cortège. Les officiers impériaux eurent même la charge de fournir ce qui était nécessaire à la dépense, et un cubiculaire préparait les pièces qu'on devait chanter.

Mais les Ariens furent bientôt furieux de voir ainsi éclipser leurs réunions nocturnes et leurs défilés, et les deux partis en vinrent rapidement aux disputes et aux coups. Il y eut des tués de part et d'autre, et un eunuque impérial fut blessé au front d'un coup de pierre. L'empereur, ému de ces événements, interdit aux hérétiques de ne plus faire ces réunions, et les catholiques, de leur côté, prirent l'habitude de célébrer dans l'église la nouvelle dévotion, à laquelle ils étaient désormais très attachés.

Les vigiles nocturnes étaient définitivement fondées.

IV

Oppositions au nouvel office ; son organisation définitive.

Ce ne fut point sans oppositions que le nouvel usage s'introduisit dans les diverses églises : il en a été ainsi de toutes les dévotions. Nous savons que la célébration des vigiles nocturnes, sur les bases qu'on vient de décrire, était déjà établie dans la Cappadoce vers l'an 375, et que les objections n'y manquaient point. Une lettre de saint Basile à ses diocésains de Néocésarée y fait allusion : « Quant au reproche qu'on me fait sur la psalmodie, je réponds qu'elle est organisée de la même manière dans toutes les églises de Dieu, et qu'elle y résonne agréablement. Le peuple se lève la nuit et va à la maison de prière ; et quand il a prié, il passe à la psalmodie. Tantôt il se partage en deux chœurs alternants [l'antienne], tantôt il laisse chanter un soliste auquel tous répondent [le répons] (1), et après avoir ainsi passé la nuit en psalmodies diverses, ils entonnent tous ensemble, [le psaume directané], d'une seule bouche et d'un seul cœur, le psaume de la pénitence. »

En Egypte, les moines aussi étaient partagés en deux courants : les uns admettaient les innovations des antiennes, des répons, des mélodies ornées dans l'office de nuit ; les autres s'en tenaient à la récitation sévère du psautier, et, à l'occasion, combattaient vivement les usages nouveaux.

« L'abbé Pambo avait envoyé son disciple à Alexandrie pour y vendre les produits de leur travail. Celui-ci, étant demeuré seize jours dans la ville, passait les nuits dans le vestibule de l'église Saint-Marc ; là, voyant l'ordre de l'office de la sainte Eglise, il apprit des chants qu'il avait entendus, et revint vers le vieillard.

« Celui-ci lui dit : Je vois, enfant, que tu es troublé ; quelque tentation t'a-t-elle assaillie dans la ville ? — Le frère dit au vieillard : Père,

(1) Dans le rit grec, le répons de composition ecclésiastique, qui accompagne la lecture du « synaxaire » du jour, est nommé *kontakion*, et la partie correspondant au verset, *oikos*. L'ensemble s'appelle quand même *psaume*, et certains avaient au VIe siècle jusqu'à vingt-quatre *oikoi* et plus !

nous passons insouciamment nos jours dans ce désert, et nous ne chantons ni canons, ni tropaires ; or, étant allé à Alexandrie et ayant vu le bel ordre de l'église, et comment on y psalmodie, je fus très chagriné de voir que nous n'en chantions pas autant.

« Et le vieillard lui dit : — Malheur à nous, enfant, car il viendra un jour où les moines abandonneront la nourriture solide fournie par l'Esprit-Saint, pour s'attacher aux chants ornés et aux modes musicaux ; quelle componction, quelles larmes tirer de ces chants ? ... Les solitaires ne sont pas venus dans ce désert pour se présenter devant Dieu et s'y glorifier en modulant des vocalises et en rythmant des gammes avec des gestes de la main et du pied... Je te le dis, enfant, on verra des jours où les chrétiens corrompront les livres des saints évangiles, des saints apôtres et des divins prophètes, laissant de côté les Ecritures pour composer des tropaires et se tourner l'esprit vers les tropes et les discours des Grecs (1). »

Les anathèmes ainsi lancés par l'abbé Pambo contre la solennité introduite dans les vigiles nocturnes étaient sans doute bien dans l'esprit habituel des solitaires de ces pays. Un abbé Paul, qui avait fui la Cappadoce au moment de l'invasion des Perses, s'était finalement réfugié au désert de Nitrie. Rien ne lui fut plus pénible que de ne pouvoir chanter avec la psalmodie les tropaires auxquels il était accoutumé dans son pays ; le cénobiarque auquel il obéissait ne voulut même pas l'autoriser à les chanter seul dans sa cellule.

(1) GERBERT, *Scriptores*, I.

Tel était encore cet abbé Nil, qui vivait sur le mont Sinaï, et dont un colloque nous a conservé l'ordre de l'office. Cette description est fort intéressante, car elle émane de deux autres solitaires, les abbés Jean et Sophrone, qui précisément rendirent visite à leur confrère, et lui firent observer qu'il ne suivait pas l'ordre habituel de l'Eglise en rejetant les nouveaux chants. Je détache du tout ce qui a trait à l'office que nous étudions :

« Nous allâmes vers l'abbé Nil, pour passer le saint dimanche sur le mont Sinaï ; il y vivait tranquille sur la cime principale, avec deux disciples.

« ... Après souper, nous commençâmes l'office du canon [du psautier] ; et après l'hexapsalme (1) et le *Pater*, nous commençâmes aussitôt le psautier. Ayant dit la première division des cinquante psaumes, le vieillard commença le *Pater* avec le *Kyrie eleison*. Nous nous assîmes, et un de ses disciples lut l'épître catholique de saint Jacques. Nous relevant, nous commençâmes la seconde série de cinquante psaumes et ayant terminé [comme plus haut, l'abbé] présenta à l'autre frère qui la lut, l'épître catholique de saint Pierre. Nous étant relevés, nous commençâmes la troisième division, et ayant terminé les cent cinquante psaumes, nous dîmes le *Pater* et le *Kyrie eleison*; nous étant assis de nouveau, le vieil-

(1) Les six psaumes qui précèdent les cantiques et les laudes proprement dites. L'église grecque a intercalé les nocturnes entre l'hexapsalme et les cantiques scripturaires ; en Occident, ces psaumes ont gardé leur place primitive, que les nocturnes précèdent. Avant l'hexapsalme, on débute toujours par quelques versets introductifs, précédés de l'invitatoire : « Venez, prosternons-nous et adorons notre Dieu. »

lard me donna le livre, pour y lire l'épître catholique de saint Jean et, nous étant relevés, nous commençâmes aussitôt les cantiques, sans tropaires ni mesodion (1), etc. »

On voit donc clairement ici comment fut organisé, dès le IVe siècle ou le Ve, l'office des vigiles nocturnes. Après l'introduction du psaume 94 (voir page 7), trois divisions ou nocturnes (2) forment ordinairement l'office ; chacune comprend un certain nombre de psaumes, suivis du *Pater* et de la lecture d'une importante partie des Livres saints. On a remarqué, dans le cérémonial de ce récit, que ceux qui le célèbrent se tiennent debout pour le chant des psaumes et l'Oraison dominicale, et s'asseyent pour la lecture. Au premier nocturne, la lecture est faite par quelqu'un d'inférieur ; la dernière lecture est réservée à celui qui préside. Ici, l'abbé Nil, pour faire honneur à ses visiteurs, laisse le soin de la dernière lecture au plus qualifié d'entre eux.

Mais ce solitaire entêté ne voulait pas des chants qui coupent l'office, en allégeant l'attention fatiguée des longues psalmodies et lectures. Ces chants sont, d'une part, les antiennes qui servent de refrain aux psaumes, et, dans le rit grec, les pièces nommées *kathismata* ou sessions, parce qu'on s'assied pendant leur

(1) Sorte d'antiennes du rit grec. PITRA, *Juris eccl. Græc. hist.*, II, 220.

(2) On trouve aussi l'expression de « session », « arrêt » ou « division », chez les Orientaux ; à Milan, on a employé le mot *turma*, impliquant le sens d'une foule qui se succède à chaque division de l'office. De fait, on a longtemps conservé dans le rit ambrosien, pour certaines fêtes, l'usage de célébrer chacune des trois divisions de la veillée solennelle dans une église différente, où on se rendait processionnellement avec le même cérémonial que nous avons vu employer à Constantinople au temps des disputes avec les Ariens.

exécution ; d'autre part, les lectures sont séparées par les répons formés ou de fragments de psaumes, repris en chœur après que le soliste a dit les versets, ou de passages choisis dans la lecture du jour, ou encore de morceaux purement ecclésiastiques, exécutés en répons.

Tel nous venons de voir décrire cet office, telle encore est sa disposition générale, avec quelques modifications résultant surtout des additions de différents genres que lui ont fait subir les diverses églises. Une autre modification vient du nombre des psaumes chantés dans chaque nocturne. On conçoit aisément qu'il ne pouvait être question, pour le peuple et le clergé, de chanter dans chaque vigile le psautier entier ; aussi, fit-on un choix judicieux. Tantôt, on dit des psaumes en rapport avec la fête du jour, tantôt on les chanta à la suite l'un de l'autre, selon l'ordre ordinaire du psautier, de façon à ce que le psautier soit dit en entier chaque semaine, dans le rit romain aussi bien que dans le rit grec. Dans le rit romain, suivant le genre de l'office, il y a trois psaumes formant un seul nocturne, ou neuf, ou douze, ou dix-huit pour l'ensemble de l'office. Ces psaumes ont des antiennes qui tantôt changent à chacun d'eux, tantôt sont semblables pour plusieurs.

Dans le rit ambrosien suivi à Milan, les psaumes sont différemment ordonnés, la récitation complète du psautier étant répartie sur deux semaines. Mais, dans ce rit, l'ordonnance des vigiles n'est pas toujours la même, et il y a parfois d'assez grandes différences suivant les fêtes.

Au VIe siècle, saint Benoît, en codifiant les règles à l'usage des moines occidentaux, introduisit dans les matines un nouvel élément. Dans le rit qu'il prescrivit, il plaça six psaumes à chacun des deux premiers nocturnes, et, pour le troisième, fit un choix de cantiques tirés des prophètes; il ne faut point confondre ceux-ci avec les cantiques des laudes.

De très bonne heure, l'usage s'introduisit aussi que la dernière lecture fût celle de l'évangile. Quand il n'y a qu'une lecture, c'est toujours celle-là. Depuis longtemps, on a perdu au rit romain séculier l'usage de dire en entier la leçon de l'évangile du jour; le lecteur n'en dit que la première phrase, suivie des mots *et reliqua*. Mais dans l'ordre monastique, comme dans le rit grec, l'évangile est toujours chanté solennellement en entier par le président du chœur, à la fin des nocturnes.

Ce grand office nocturne n'a point tout d'abord été d'obligation dans l'Eglise; là même où il entra en usage, il resta longtemps de pure dévotion, sauf, bien entendu, pour les solitaires, les moines, les vierges consacrées.

Primitivement il n'est, dans les églises séculières, célébré régulièrement que pour la vigile du dimanche et des fêtes. Exception est faite pour les églises desservies par des moines, qui le solennisaient tous les jours : ainsi, par exemple, à Jérusalem, vers la fin du IVe siècle, comme le raconte Etheria dans sa *Peregrinatio*; très vraisemblablement aussi à Rome certaines églises étaient dans le même cas, à s'en tenir à la mention du *Liber Pontificalis* sur Damase. Pendant longtemps, la piété vivace faisait un devoir aux clercs et aux fidèles de suivre régulièrement les vigiles hebdomadaires; mais, petit à petit, la ferveur se relâchant, et la coutume menaçant de disparaître, on dut, au VIe siècle, obliger les uns et les autres, sous des peines appropriées, à l'observance des nocturnes du dimanche. Une novelle de Justinien y assujettit les clercs, dans toute l'étendue de l'empire : ils doivent désormais célébrer l'office nocturne dans l'église de leur titre.

Dans les Gaules, divers conciles rappellent aux fidèles cette règle : ils sont tenus d'assister aux premières et secondes vêpres ainsi qu'au nocturne, tous les dimanches et fêtes (1). Toutefois, les hommes seuls y prenaient part. Dans la vie de sainte Geneviève de Paris (2), nous lisons qu'à l'approche des Huns, elle désira unir les prières des femmes aux supplications de la vigile nocturne, mais elle dut pour cela réunir les matrones dans le baptistère, alors séparé de la cathédrale où le clergé et les hommes célébraient l'office.

Les très intéressantes et bien peu connues homélies de saint Eloi montrent que la même coutume était suivie dans l'église de Noyon, lorsqu'il en occupait le siège épiscopal.

Saint Grégoire de Tours nous parle aussi de la célébration du nocturne à Paris, à propos d'une aventure comique dont il fut témoin, et le poète saint Fortunat de Poitiers décrit dans une de ses pièces la célébration de cet office dans la même ville :

« Comme un soldat prompt à prendre les armes, sitôt que la cloche a tinté à ses oreilles,

(1) Concile de Rouen, dans Mansi, x, 1202 ; de Mâcon, can. I., *id.*, IX, 950.

(2) Ch. III. n° 10 (*Acta Sanct.*, Jan., I, 138).

Germain (1) sort de sa couche ses membres ensommeillés : il vole avant les autres, cherchant les mystères sacrés ; de tous côtés, chacun se dirige vers le temple...

« En joignant les veilles nocturnes au crépuscule du matin, la foule respectable forme des chœurs angéliques : constante dans sa tâche vénérée, elle fait violence aux lois du monde, et ses chants font tomber les armes. Elle tisse une lyrique modulation sur les cordes du psaltérion (du psautier), et conduit avec amour le chant divisé en versets (2). »

Dans la vigile nocturne, telle qu'elle était célébrée dans les Gaules à cette époque, le nombre des antiennes (et celui des psaumes probablement), variait suivant la saison. Un canon du second concile de Tours, étendu à toute la partie nord de notre pays, prescrit de Pâques à l'automne, douze psaumes avec six antiennes ; en septembre, sept antiennes ; en octobre, huit ; en novembre, neuf, en décembre et jusqu'à Pâques, dix. C'était aussi l'usage de la fameuse abbaye de Saint-Maurice d'Agaune en Valais. D'après un passage de Grégoire de Tours, il paraît qu'il y avait aussi une entrée du prêtre au sanctuaire, tandis que le diacre exécutait un psaume responsorial précédé de deux antiennes. Peut-être ce psaume est-il l'invitatoire *Venite*

(1) Saint Germain, évêque de Paris.

(2) Miles ad arma celer, signum mox tinnit ad aures
Erigit excusso membra sopore toro ;
Advolat ante alios, mysteria sacra requirens ;
Undique quisque suo templa petenda loco.
. . . .
Pervigiles noctes ad prima crepuscula jungens,
Construit angelicos turba verenda choros :
Gressibus exertis in opus venerabile constans,
Vim factura polo, cantibus arma movet.
Stamina psalterii lyrico modulamine texens,
Versibus orditum carmen amore trahit.

exsultemus, chanté précisément sous cette forme.

La psalmodie nocturne était suivie d'un certain nombre de lectures entremêlées de répons. Aux matines de Noël, il y en avait douze; les autres fêtes n'en avaient que deux ou trois.

L'ordonnance des matines de Noël était évidemment calquée sur la synaxe nocturne de la vigile pascale, type tout à fait primitif de cette forme liturgique. Ce qui confirme cette supposition, c'est qu'on les terminait aussi par le chant du cantique des trois jeunes gens dans la fournaise, amené normalement par la lecture de Daniel, III. (Voir page 21.)

Dans les monastères de la Provence et de la Narbonnaise, comme on le voit par les règles des saints Césaire et Aurélien d'Arles, et celle dite « du Maître », l'ordonnance de l'office nocturne était analogue, avec la même variété dans le nombre des antiennes, des psaumes et des lectures ; le tout paraît avoir été terminé par une oraison, nommée *rogus*, dans la langue liturgique de la Gaule méridionale (1).

(1) Pour toutes les références de ces détails sur l'ancien office gallican, voir mon *Histoire du chant liturgique à Paris*, I.

V

Les nocturnes de l'office romain : la psalmodie et les lectures.

Après que les assistants ont récité à voix basse, en arrivant au chœur, le *Pater*, l'*Ave* le *Credo*, l'office nocturne, tel qu'il est constitué pour le rit romain depuis le ve siècle environ, s'ouvre par l'invocation tirée du psaume L :

Domine labia mea aperies : Et os meum annuntiabit laudem tuam ; « Seigneur, ouvre mes lèvres : Et ma bouche annoncera ta louange. » En disant cette invocation, on forme sur sa bouche le signe de la croix avec le pouce, suivant une très antique coutume ; puis on dit le *Deus, in adjutorium meum* habituel. Dans les premières années du VIe siècle, saint Benoît, en organisant les coutumes monastiques, voulut donner à ses frères une invocation plus pressante : l'office bénédictin fait répéter trois fois le *Domine labia mea,* suivi du psaume III (1), chanté directement (sans antienne ni répons) :

(1) La répétition de ce verset et la récitation de ce psaume existent pareillement au début de l'office grec de la nuit.

« Seigneur, pourquoi ceux qui me troublent sont-ils si multipliés ?

Beaucoup se lèvent contre moi.

Nombreux ceux qui disent à mon âme :

Il n'y a plus de salut pour lui dans son Dieu.

Mais toi, Seigneur, tu m'as accueilli : tu es ma gloire, et celui qui relève ma tête.

. . . .

Je dormais, plongé dans le sommeil : et je me suis levé, parce que le Seigneur m'a accueilli. »

On ne saurait disconvenir que saint Benoît a été heureusement inspiré en prescrivant ce psaume comme prière plus instante, au moment où le moine vient de s'arracher du sommeil, pour demander le secours du Seigneur contre les tentations de tout genre, et s'assurer soi-même dans une sainte fierté contre les embûches du « lion rugissant ».

Après les premières invocations, l'office proprement dit commence par le chant solennel du psaume invitatoire, comme nous l'avons déjà constaté chez les Juifs. Le psaume est exécuté en répons, c'est-à-dire que les chantres ayant entonné une courte phrase, comme *Venite exsultemus Domino*, le chœur la répète immédiatement, et la redit de nouveau chaque fois que les chantres terminent leur mélodie, ce qui se fait de deux en deux versets. Puis, on chante à deux chœurs une hymne de saint Ambroise, ou une autre composée à son imitation ; c'est encore l'effet d'une prescription de saint Benoît. L'Eglise romaine n'avait pas tout d'abord cet usage, qu'elle a, dans le cours des siècles, emprunté aux religieux : suivant la pensée de saint Grégoire le Grand, elle s'est, en effet, toujours approprié ce qu'elle a trouvé ailleurs de bien et de beau, et ce qui était capable d'apporter à la liturgie un éclat plus grand, une forme plus vivante.

Le refrain de l'invitatoire et l'hymne varient suivant les jours et les fêtes. Quand on célèbre l'office d'un jour de semaine, d'une « férie », pour employer le terme liturgique, ou d'un dimanche ordinaire, l'invitatoire n'est formé que de passages du psaume qu'il accompagne. Aux dimanches privilégiés ou aux fêtes, on a de petites clausules appropriées à cet office. Par exemple, à Noël, on chante : *Le Christ est né pour nous : Venez, adorons,* et l'on répète alternativement toute ou partie de cette phrase ; pour les fêtes des Anges : *Le Roi des Anges, le Seigneur : Venez, adorons-le.*

Les hymnes qu'on dit aux féries ou en carême mériteraient à elles seules une étude spéciale, qu'on les envisage au point de vue de la littérature, de la théologie mystique, ou de la piété. Les rapprochements sont d'ailleurs aisés entre les conditions toutes matérielles où cet office est célébré, et les dispositions intérieures de l'âme ; des pensées qu'elles expriment, certaines sont charmantes :

« L'oiseau qui annonce le jour chante la lumière qui s'approche (1) : celui qui réveille nos âmes, le Christ nous appelle à la vie.

« O Christ, romps notre sommeil ; brise les chaînes de la nuit [spirituelle] ; délivre du péché ; donne une lumière nouvelle (2). »

Parfois l'invocation est plus pressante :

(1) Se rappeler la prescription des Constitutions Apostoliques : « on se réunira au chant du coq. »

(2) Hymne du mardi : *Ales diei nuntius*, de saint Prudence.

« Nous levons nos mains et nos âmes, comme le prophète nous l'a prescrit pour la nuit, et comme Paul nous en a donné l'exemple par ses actes.

« Tu vois le mal que nous avons fait ; nous te découvrons ce que nous avons de caché ; nous répandons en gémissant nos prières, remets-nous nos péchés (1). »

Combien il est regrettable que les fêtes des saints aient été multipliées à ce point dans le calendrier liturgique, que le rit férial où se rencontrent de tels accents soit si rarement célébré ; il est la base, cependant, de l'office divin.

L'invitatoire et l'hymne étant chantés, on commence l'ensemble de psaumes et de lectures qui constitue les divisions nommées nocturnes.

Leur ordonnance générale correspond exactement à celle de l'office des anciens solitaires, que nous avons vu décrire par l'abbé Jean, à propos de sa visite à son confrère du Sinaï, avec quelques particularités, comme les chants d'antiennes et de répons dont l'abbé Nil ne voulait pas. Un nocturne comprend donc un certain nombre de psaumes avec leurs antiennes, un petit verset, comme à vêpres, le *Pater*, une invocation nommée *absolution*, dite par le célébrant, et à laquelle on répond *Amen*. Ensuite les lecteurs commencent les leçons prescrites, avant chacune desquelles ils demandent la bénédiction du président, et qu'ils concluent par l'acclamation du *Tu autem :* « Mais toi, Seigneur, aie pitié de nous », et l'on répond : *Deo gratias*.

(1) Hymne du mercredi : *Rerum creator optime*, qui est attribuée à saint Grégoire le Grand.

Le nombre de psaumes est variable. A Pâques, pendant son octave et à la Pentecôte, à cause de la grande vigile catéchuménale, on ne dit qu'un seul nocturne de trois psaumes. Aux fêtes appelées : « de neuf leçons », on dit trois nocturnes, avec, pour chacun, trois antiennes et trois psaumes. A l'office de férie, un seul nocturne, mais de six antiennes avec douze psaumes ; et, le dimanche, trois nocturnes, avec douze psaumes au premier nocturne, trois à chacun des deux autres, soit en tout neuf antiennes avec dix-huit psaumes.

L'office qu'on pourrait appeler normal est celui des féries : pendant de longs siècles, il forma la prière nocturne quotidienne. Le dimanche, la vigile fut doublée d'importance à cause de la solennité de ce jour, où les chrétiens, dès l'origine, avaient pris l'habitude de sanctifier les dernières heures de la nuit, consacrées par la résurrection du Christ.

Les fêtes, très rares d'abord, voyaient une réduction de l'office ; elles sont maintenant, même le dimanche, l'ordinaire liturgique, à d'assez rares exceptions près. On peut supposer que cet office plus court a été, avec le désir de célébrer plus de fêtes, une des causes prédominantes de la disparition presque complète de l'office férial et dominical.

Dans le rit monastique, les mêmes raisons n'existaient pas : on y chante toujours six psaumes à chaque nocturne, ou leur équivalent. Nous avons peine à nous rendre compte de ce qu'était la psalmodie nocturne aux siècles les plus populaires de cet office. Suivant le mode d'exécution des antiennes, le petit refrain ainsi nommé n'était pas en effet seulement répété après le psaume ou l'ensemble de psaumes qu'il devait accompagner ; mais, un chœur, ou au moins ceux qui le savaient, disait un verset, l'autre chœur répondait pareillement, et tous s'unissaient pour répéter la clausule. Le refrain revenait donc de deux en deux versets. On conçoit combien était vivante l'exécution de cet office, lorsque les quelques mots formant la reprise primitive revenaient régulièrement, unissant la foule dans leur acclamation. Une si belle ordonnance était malheureusement appelée à disparaître.

En outre de la longueur qui en résultait dans l'office, la composition d'antiennes nouvelles plus importantes que les primitives, spécialement pour les fêtes, était une pierre d'achoppement, par la fatigue qu'elles amenaient nécessairement. Les moines surtout, qui célèbrent quotidiennement en corps cet office, en souffraient, et, dans le cours du xe siècle, ils laissèrent tomber en désuétude la répétition des antiennes des nocturnes.

L'organisation des lectures a aussi ses particularités intéressantes.

Quand il y a trois nocturnes, on lit au premier un livre de l'Ecriture sainte, on commence l'Ancien Testament à la Septuagésime, avec la Genèse ; suit l'Exode ; au temps de la Passion, ce sont les chapitres de Jérémie, le prophète des lamentations. Au temps pascal, pour une raison mystique facile à concevoir, on prend les Actes des Apôtres et l'Apocalypse, puis on commence les Epîtres, qu'on interrompt à la Pentecôte, pour les reprendre à l'Epiphanie. Après la Pentecôte, anniversaire de la promulgation de la loi ancienne, on continue par le livre des Rois ;

au mois d'août par les Paraboles, l'Ecclésiaste, la Sagesse et l'Ecclésiastique ; septembre amène les moralités de l'histoire de Job, de Tobie, de Judith et d'Esther ; en octobre, on lit les deux livres des Macchabées ; en novembre, les prophéties d'Ezéchiel, de Daniel et les petits prophètes ; pendant l'Avent, Isaïe.

Cette façon de diviser l'Ecriture d'après les divers temps de l'année est fort ancienne, et nous avons la trace de cette coutume dès le IVe siècle. Primitivement, on lisait intégralement toute la Bible de cette façon, au moins dans les monastères, et l'abbé lui-même indiquait au lecteur quand il devait s'arrêter. Mais, depuis de longs siècles, on a extrait de chaque livre les chapitres les plus importants, seuls rendus obligatoires pour tous ceux qui sont tenus à la célébration publique ou privée de l'office divin.

J'ai dit que ces lectures de Livres saints se faisaient toujours au premier nocturne. Quand il n'y en a qu'un seul, elles sont combinées avec les autres leçons suivant les cas prévus par les rubriques.

Au second nocturne, les leçons sont prises des sermons des Pères, ou de la vie du saint qu'on célèbre. Au troisième nocturne, et comme dernière lecture, quand il n'y a qu'un nocturne, c'est toujours l'Evangile du jour, suivi d'une homélie d'un Père.

Pour les séculiers et les ordres religieux non monastiques, il y a à chaque nocturne trois leçons, suivies d'autant de répons ; les moines disent quatre leçons et quatre répons.

Dans l'état ancien de l'office, on faisait toujours en hiver des psalmodies et des lectures plus longues et en plus grand nombre, à cause de l'heure plus tardive où se lève le jour, qu'on attendait pour entonner les laudes. L'inverse avait lieu en été. Ainsi, le rit romain du ve au VIIIe siècle prescrivait à chaque nocturne, en été, trois antiennes avec les psaumes appropriés, trois leçons et trois répons ; en hiver, on en disait quatre de chaque espèce. Les moines qui suivaient la règle de saint Benoît ne disaient aux féries, de Pâques à novembre, qu'une leçon et un répons bref. Le répons bref, c'est un répons dont la mélodie est syllabique ou à peu près, comme l'*In manus tuas* bien connu des complies de l'office romain. Les autres répons sont composés avec un chant très orné, où les vocalises fleuries alternent avec des passages en récitatif.

Les plus anciens des répons ont été extraits des psaumes. Mais, dès une haute époque, on emprunta le texte des répons au livre même dont ils devaient couper la lecture, ou bien on composa des paroles en rapport avec la fête. Ainsi, à la semaine sainte, on ne lisait primitivement, jusque dans le cours du ve siècle, que la passion de Notre-Seigneur selon saint Matthieu : on a modifié cet usage, mais on a gardé les répons qui en sont extraits. Il est facile de le constater en ouvrant un livre d'office : tous les répons de la semaine sainte tirés de l'Evangile le sont de saint Matthieu. C'est dire leur haute antiquité, que le style de leurs mélodies confirme.

Il y a eu un art véritable dans le choix et l'agencement de certains répons ; il en est qui furent toujours célèbres. Tel est le premier chanté au temps de l'Avent, où l'on fait lecture du prophète Isaïe. Le lecteur s'interrompt à l'exposé du premier chapitre, aux mots : « mais Israël ne m'a pas connu », et l'on entonne ce superbe dialogue, partie tiré du prophète, partie des psaumes :

« Regardant au loin, je vois la puissance de Dieu qui vient, et une nuée qui couvre toute la terre ; allez au-devant, et dites : Annonce-nous si tu es celui-là qui doit régner sur Israël.

« (1er verset) : Habitants de la terre, et fils des hommes ; riches et pauvres ensemble : (répons) Allez au-devant de lui, et dites :

« (2e verset) : Toi qui régis Israël, écoute : toi qui conduis Joseph comme tes brebis : (répons) Annonce-nous si tu es celui-là.

« (3e verset) : Ouvrez les portes, princes, et élevez-vous, portes éternelles, et le roi de gloire entrera : (répons) Qui doit régner sur Israël.

« (4e verset) : Gloire au Père, et au Fils, et au Saint-Esprit : (répons) Regardant au loin, etc., jusqu'à : Israël (1). »

Voici un autre répons de composition ecclésiastique, pour la Pentecôte, qui appartient à l'un des plus anciens âges de ce genre de pièces :

« Il est venu un feu divin, ne brûlant pas, mais éclairant, ne consumant pas, mais illuminant, et il trouva dans les cœurs des disciples une retraite pure : Et il leur donna les dons de ses charismes, alleluia, alleluia.

« Il les trouva ne formant qu'un seul cœur dans l'amour divin, et les imprégna abondamment de la grâce de la Divinité : Et il leur

(1) Répons : *Aspiciens a longe*, au premier dimanche de l'Avent.

donna les dons de ses charismes, alleluia, alleluia (1). »

VI

Le « Te Deum ».

Mais la psalmodie et les prières, les lectures et les répons sont achevés ; il faut clore la veille nocturne avant de passer à la partie proprement matutinale : les laudes. C'est là que l'office romain et la règle bénédictine ont placé l'admirable hymne du *Te Deum laudamus*, qu'on ne peut chanter et répéter sans être profondément ému, tant il y a de noblesse dans sa forme, dans son texte, dans les formules mélodiques qui lui sont adaptées.

D'où vient ce superbe cantique ? Il a eu le don d'exciter la saine curiosité des liturgistes et des amis de l'antiquité chrétienne, et tout récemment encore il a été l'objet de diverses études, dont je

(1) Répons : *Advenit ignis divinus*, au jeudi de la Pentecôte.

condenserai ici les résultats les plus probants (1).

Disons tout d'abord que, placé comme il l'est dans notre office, il n'est pas à sa place primitive. Cette pièce liturgique n'a point été composée pour clore les nocturnes, mais bien l'office de l'aurore, les laudes. Or, la liturgie chrétienne primitive avait introduit, après les psaumes de louange du *schachrith* hébraïque (2), la grande doxologie du *Gloria in excelsis Deo* qui, peut-être, remonte à l'âge apostolique. De très bonne heure, on lui ajouta des prières terminales, semblables à celles de l'office du soir : *Dignare, Domine, die isto*, etc., « Daignez, Seigneur, nous garder tout ce jour sans péché, etc. » En certaines églises on développa cette louange primitive, en disant à la suite ou même à la place du *Gloria* d'autres formules laudatiques. On trouvera de ces développements dans le formulaire des Constitutions Apostoliques, (où rien ne prouve qu'ils soient primitifs), aussi bien que dans l'ancien rit ambrosien de Milan (3).

En Orient, nous trouvons aussi de longues prières, rappelant la forme de la préface et de

(1) A. GASTOUÉ, *le « Te Deum »* dans la *Revue du chant grégorien*, XIV, 129 ; Dom CAGIN, *Te Deum ou illatio?* ; Dom MORIN, *le « Te Deum », type anonyme d'anaphore latine préhistorique?* réponse à Dom CAGIN, dans la *Revue Bénédictine*, XXIV, 180; Docteur P. WAGNER, *das « Te Deum »*, dans la *Gregorianische Rundschau*, VI, 50 et s.

(2) L'office hébreu du matin, analogue à nos laudes, sauf les cantiques prescrits par saint Paul.

(3) Ainsi, ce texte dit : *Nous te glorifions, nous t'adorons*, à cause de ta grande autorité suprême, toi seul Dieu, non engendré, toi qu'on ne peut approcher, *à cause de ta grande gloire*. — Tout le passage du milieu n'existe en aucun autre texte. Et à la fin : *Parce que tu es le seul Saint, le seul Seigneur, Jésus, Christ du Dieu* de toute nature engendrée, notre roi, auquel par toi soit gloire, honneur et louange. — Dans l'ancien texte milanais on trouve de même : *Toi qui sièges à la droite du Père, aie pitié de nous* ; aie pitié de nous, secours nous, dirige nous, conserve nous, purifie nous, pacifie nous ; délivre nous des ennemis, des tentations, des hérétiques, des ariens, des schismatiques, des barbares : *Parce que tu es le seul Saint*, etc.

l'anaphore eucharistiques, dites par l'évêque célébrant pour achever la louange aurorale. Dans la liturgie, par exemple, du précieux *Testamentum Domini,* l'office de l'aurore est terminé par une anaphore de louanges qui débute à peu près comme celle de la messe : « Gloire au Seigneur. » ℟ « C'est digne et juste. » L'évêque : « Il est digne et juste que nous te louions, etc. » De temps en temps, la prière est interrompue par une longue exclamation de l'assistance : « Nous te louons, nous te bénissons, nous te confessons, Seigneur, et nous te supplions, notre Dieu (1). » Dans une formule analogue conservée par les Constitutions Apostoliques (2) le même caractère liturgique est encore plus accentué :

« Et l'ardente armée des anges et les esprits intelligents disent : Un seul Saint ; et les saints Séraphins avec les Chérubins aux six ailes te chantent de leurs voix incessantes le cantique de victoire, criant : Saint, Saint, Saint le Seigneur Sabaoth : les cieux et la terre sont remplis de ta gloire ; et les autres multitudes des armées [célestes], les archanges, les trônes, les dominations, les princes, les puissances, les vertus s'exclament, disant : Bénie soit la gloire du Seigneur en tout lieu (3). »

Il est d'ailleurs à croire qu'il n'y a là que la mise en œuvre d'une tradition remontant à l'Eglise primitive, et même à la synagogue, car

(1) Voir *Testamentum,* ed. Rahmani, MAINZ, 1899, p. 51, 77, 207, etc. Le rit grec actuel a encore des acclamations du même genre après le chant des odes.

(2) L. VII, c. 35.

(3) Ces rapprochements extrêmement remarquables sont dus à Dom G. MORIN.

l'office juif du matin, analogue à nos laudes, se termine, lui aussi, par une anaphore, avec la mention même que nous venons de voir :

« Nous voulons sanctifier ton nom ici-bas comme il est sanctifié dans les hauteurs des cieux, ainsi qu'il est écrit par ton prophète, un ange appelant l'autre, et tous s'écriant : Saint, Saint, Saint le Seigneur Sabaoth ; toute la terre est remplie de sa majesté. Alors retentit, forte et terrible, la voix des esprits célestes, et, s'élevant à la hauteur des Séraphins, ils s'écrient à leur tour : *Bénie soit partout la gloire du Seigneur* (1). »

On voit donc très clairement par là sous quelles influences a été composé notre *Te Deum :* c'est une anaphore ou prière d'offrande, n'entraînant pas par elle-même la célébration eucharistique (2), mais terminant les laudes ou office de l'aurore, pour accompagner l'autre cantique plus ancien et plus primitif, le *Gloria in excelsis.*

Son auteur est inconnu, mais il paraît probable qu'il faut voir en lui saint Niceta (3), évêque de

(1) *Prières d'un cœur israélite*, p. 38, 84, etc. Pour les autres rapprochements à faire entre les liturgies juives et les liturgies chrétiennes primitives, voir Dom CABROL et Dom LECLERC, *Monumenta Ecclesiæ liturgica*, I, in fine ; le *Dictionnaire d'archéologie chrétienne et de liturgie*, publié par Dom CABROL, I, 463, et mes *Origines du chant romain*, p. 4-14.

(2) Ce qui, à mon avis, a égaré Dom Cagin, qui était sur la voie de la solution, c'est d'avoir cru que le *Te Deum* ne pouvait avoir été qu'une formule d'anaphore *eucharistique* (offrande, préface, consécration). Nous venons de voir que l'anaphore et l'action de grâces n'entraînent pas nécessairement la consécration sacramentelle. Le *Te Deum* est bien une anaphore, mais une action de grâces finale de l'office du matin, ne se confondant pas avec celle de la messe, malgré la ressemblance de certains termes.

(3) Thèse de Dom Morin, généralement adoptée ; c'est celle qui offre le plus de garanties scientifiques. Le nom d'hymne « des saints Ambroise et Augustin », que les livres liturgiques lui donnent ordinairement, est dépourvu de toute autorité.

Remesiana en Illyrie, aux environs de l'an 400, prélat instruit, doué pour la composition liturgique et pour le chant d'église, placé à mi-chemin de l'Orient et de l'Occident. Les titres d'un nombre important de manuscrits anciens qui donnent son nom paraissent devoir être suivis en toute confiance.

Dans les anciens livres liturgiques des églises d'Occident qui ont gardé les usages les plus archaïques, le *Te Deum* avoisine toujours le *Gloria in excelsis* et les cantiques scripturaires chantés avec les laudes (1). C'est donc par une modification de la coutume primitive que le rit romain et le monastique l'ont placé à la fin des nocturnes.

Le *Te Deum,* comme les hymnes les plus anciennes, est écrit en prose, avec l'emploi de *cursus* divers. Il est subdivisé, tant par le texte que par la mélodie, en plusieurs parties très nettes :

1° Du début jusqu'après le verset *Te ergo quæsumus ;*

2° De l'*Æterna fac* jusqu'à *usque in æternum ;*

3° Des versets *Per singulos dies* jusqu'à la fin.

Dans la première partie, suivant les règles des anaphores primitives, qu'on peut retrouver d'ailleurs dans le canon romain de la messe, on loue le Père, en union d'abord avec les esprits angéliques, jusqu'au moment où ils ont chanté

(1) Comme dans l'antiphonaire de Bangor et la règle des saints Césaire et Aurélien d'Arles.

Dans le psautier de la Reine, au Vatican, on marque le *Te Deum* comme hymne à laudes, le dimanche ; aux autres jours, ce sont des hymnes versifiées, parmi lesquelles, pour le jeudi, une curieuse imitation du *Te Deum* en vers. Cf. Dom Cagin, *op. cit.*, p. 303.

Sanctus ; en union ensuite avec l'Eglise triomphante. Cette division de la première partie est close par une glorification du Père, du Fils, de l'Esprit paraclet. Viennent alors les versets consacrés au Fils : en peu de mots, on donne la théologie complète du Christ : Roi de gloire, Fils éternel du Père, s'étant incarné dans le sein de la Vierge ; ayant brisé l'aiguillon de la mort pour nous ouvrir la porte des cieux ; siégeant sur le trône divin, juge et rédempteur. On s'agenouille en chantant le dernier verset de cette première partie, le *Te ergo quœsumus*.

Une seconde partie, au ton plus grave, est très courte. On y demande comme une confirmation des grâces accordées, qui mette le sceau à l'opération de Jésus en nous : l'auteur n'aurait-il pas voulu s'adresser à l'Esprit-Saint ? Il est, en effet, dans les anciennes liturgies, le *confirmator sacramenti* (1) et, ainsi envisagé, ce passage est une véritable épiclèse.

Une observation appuiera ce qui vient d'être dit : le verset *Salvum fac*, etc., forme précisément la prière qui accompagne l'imposition des mains de l'évêque sur le peuple incliné, à la fin de la grande prière du matin des Constitutions Apostoliques. On peut donc croire que primitivement, après qu'on s'était incliné au *Te ergo quœsumus*, on restait dans la même position pour recevoir la bénédiction de l'évêque, qui demandait à l'Esprit divin d'y mettre le sceau, par les versets suivants.

La troisième division, enfin, n'a rien de particulier au *Te Deum*, et, à proprement parler, n'en fait pas partie ; ce sont des versets dits

(1) Observations communiquées par M. l'abbé Vigourel.

autrefois habituellement à la clôture des offices, et spécialement après le *Gloria in excelsis* lorsqu'on le chantait à la fin des laudes. Ces versets ont d'ailleurs varié de choix et de nombre dans les diverses liturgies, quoique partout on y reconnaisse le noyau original, où l'on demande à Dieu sa protection pour la journée. Mais donnons en entier le texte et une traduction littérale de cette belle prière, cantique par excellence de l'action de grâces au matin du dimanche.

a) Invocation à Dieu.

Te Deum laudamus : te Dominum confitemur.	Toi, Dieu, nous te louons : toi, Seigneur, nous te confessons.

b) Doxologie du Père : action de grâces.

Te æternum Patrem omnis terra veneratur.	Toi, Père éternel, toute la terre te vénère.
Tibi omnes Angeli, tibi Cæli et universæ Potestates,	A toi tous les Anges, à toi les Cieux et toutes les Puissances,
Tibi Cherubim et Seraphim incessabili voce proclamant :	A toi les Chérubins et les Séraphins, chantent d'une voix incessante :
Sanctus, Sanctus, Sanctus Dominus Deus Sabaoth.	Saint, Saint, Saint le Seigneur Dieu Sabaoth.
Pleni sunt cæli et terra majestatis gloriæ tuæ.	Les cieux et la terre sont remplis de la majesté de ta gloire.
Te gloriosus Apostolorum chorus,	Toi que le glorieux chœur des Apôtres,
Te Prophetarum laudabilis numerus,	Toi que les Prophètes au nombre remarquable,
Te Martyrum candidatus laudat exercitus.	Toi que la blanche armée des Martyrs loue.
Te per orbem terrarum sancta confitetur Ecclesia,	Toi que sur la terre entière confesse la sainte Eglise.

c) Dieu un dans la Trinité.

Patrem immensæ majestatis,	Père d'immense majesté,
Venerandum tuum verum et unicum Filium,	Ton vrai, digne de vénération, et unique Fils,
Sanctum quoque Paraclitum Spiritum.	Avec le Saint et Paraclet Esprit.

d) Doxologie du Christ : confession et prière.

Tu Rex gloriæ, Christe,	Toi, Roi de gloire, ô Christ,
Tu Patris sempiternus es Filius.	Toi, du Père tu es le Fils éternel.
Tu ad liberandum suscepturus hominem, non horruisti Virginis uterum.	Toi qui a pris l'humanité pour la délivrer, tu n'as pas eu horreur du sein de la Vierge.
Tu, devicto mortis aculeo, aperuisti credentibus regna cælorum.	Toi, ayant brisé l'aiguillon de la mort, tu as ouvert aux croyants le royaume des cieux.
Tu ad dexteram Dei sedes, in gloria Patris.	Tu sièges à la droite de Dieu, dans la gloire du Père.
Judex crederis esse venturus.	Nous te croyons le juge qui doit venir.

(On se met à genoux pour le verset suivant :)

Te ergo quæsumus, tuis famulis subveni,	Toi donc, nous t'en supplions, viens en aide à tes serviteurs,
quos pretioso sanguine redemisti.	que tu as rachetés de ton précieux sang.

e) Doxologie de l'Esprit Saint : invocation et bénédiction.

Æterna fac cum sanctis tuis in gloria numerari (1).	Fais qu'éternellement nous jouissions de la gloire avec tes saints.
Salvum fac populum tuum Domine,	Sauve ton peuple, Seigneur,
et benedic hæreditati tuæ.	et bénis ton héritage.
Et rege eos,	Et gouverne-les,
et extolle illos usque in æternum.	et délivre-les pour toujours.

(1) On disait autrefois : *cum sanctis tuis gloria numerari*.

A proprement parler, c'est donc ici que se termine le cantique, les autres versets ne lui étant pas spéciaux. Nous les donnons néanmoins, puisque maintenant on les lui joint toujours :

Per singulos dies benedicimus te.	Chaque jour nous te bénissons.
Et laudamus nomen tuum in sæculum, et in sæculum sæculi.	Et nous louons ton nom en ce siècle, et dans les siècles des siècles.
Dignare Domine die isto sine peccato nos custodire.	Daigne Seigneur, en ce jour, nous garder sans pécher.
Miserere nostri, Domine, miserere nostri.	Aie pitié de nous, Seigneur, aie pitié de nous.
Fiat misericordia tua, Domine, super nos, quemadmodum speravimus in te.	Que ta miséricorde s'accomplisse sur nous, Seigneur, parce que nous avons espéré en toi.
In te Domine, speravi : non confundar in æternum.	En toi, Seigneur, j'ai espéré : je ne serai point à jamais confondu.

Ici se termine l'office des nocturnes au rit romain. L'ordre monastique y ajoute encore cependant, comme chez les Grecs, le chant solennel d'un Evangile, par l'abbé : on répond *Amen*, et l'on conclut par la très antique doxologie suivante :

Te decet laus, te decet hymnus, tibi gloria Deo Patri et Filio, cum Sancto Spiritu, in sæcula sæculorum. Amen.	A toi convient la louange, à toi convient l'hymne, à toi la gloire, à Dieu le Père et le Fils, avec le Saint-Esprit, dans les siècles des siècles. Amen.

Lorsqu'on ne célèbre pas de suite l'office des laudes, on clôt les nocturnes avec la finale accoutumée des autres offices : oraison, *Benedicamus*, *Pater*, antienne à la Sainte Vierge.

VII

Particularités de certaines vigiles : La Semaine sainte, les Morts. Les interpolations du moyen âge.

Après les jours de joie ou de pénitence, les solennités du deuil.

L'Eglise romaine qui, à peu de détails près, célèbre semblablement les nocturnes dans les différentes fêtes et les divers temps de l'année, n'a pas cru devoir conserver la même ordonnance aux derniers jours de la semaine sainte. Ces jours-là, toute marque extérieure de joie est bannie, et de l'office, on retranche tout ce qui pourrait enlever le caractère de sévérité que ses organisateurs ont voulu lui donner. En sorte que ces nocturnes participent de la simplicité du vieil office des ascètes au IVe siècle.

Déjà, depuis le dimanche où l'on commence à commémorer les grandes souffrances du Christ, le chant du *Gloria Patri* a été supprimé à certaines antiennes solennelles ; on ne dit plus le *Te Deum*. Au premier nocturne du dimanche de la Passion et de celui des Rameaux, on commence la lecture de la prophétie de Jérémie pleurant sur la ruine de Jérusalem et du Temple ; le mardi et le mercredi, on ne lit même plus que ces lamentables déplorations. Enfin au Jeudi Saint, après avoir ainsi augmenté de plus en plus les marques de deuil, il n'y a plus d'introduction à l'office : on le commence *ex abrupto* par l'antienne du premier psaume. A la fin des psaumes et des répons, plus de doxologie ; avant et après les lectures, plus d'absolution, de bénédiction du célébrant, plus de la clausule habituelle qui termine les leçons : le *Tu autem*. Dans les lectures même, il y a quelque chose d'insolite : la lecture de l'Evangile et les homélies des Pères sont supprimées depuis le Mardi Saint, et les plaintes du prophète sont exhalées sur une mélodie qui n'est point celle d'habitude réservée aux prophéties, mais une phrase plaintive et douce, semblable à celle qu'ont encore conservée les Juifs d'Orient lorsqu'ils pleurent la ruine de la ville sainte. Le chœur est éclairé par un seul candélabre (1) dont on éteint peu à peu les cierges, de manière qu'il n'en reste plus au moment où les laudes se terminent avec les premiers feux de l'aurore.

Les nocturnes du triduum final du carême — les *ténèbres*, dans le langage populaire, — se trouvent donc ainsi organisés :

A chaque nocturne, trois psaumes avec leurs antiennes, choisis parmi ceux qui se rapportent à la passion : on ne les termine pas à la manière demandée par le ton sur lequel ils sont chantés, mais la voix, avant de reprendre l'antienne, tombe tristement, au dernier verset, sur

(1) Comparez ce rite avec celui de la page 8.

le degré inférieur (1). Suit le versicule, avec une formule spéciale, et le *Pater*. Viennent alors trois lectures et autant de répons. Au premier répons, on lit les lamentations de Jérémie, au second, un traité de saint Augustin qui commente les psaumes de circonstance, au troisième, des passages choisis des épîtres de saint Paul. Le Jeudi Saint, ces dernières lectures sont tirées de la première aux Corinthiens, quand le grand Apôtre rapporte l'institution de l'Eucharistie, célébrée en ce jour ; le vendredi et le samedi, c'est l'épître aux Hébreux qui fournit ces lectures.

La littérature ecclésiastique a peu de prise, on le voit, sur ce bel office. Elle s'est surtout donné carrière dans les répons, qui sont de trois espèces : 1° ceux tirés de l'Evangile selon saint Matthieu, comme je l'ai dit plus haut (p. 47) ; 2° ceux qu'on a extraits des prophètes ; enfin, 3° d'autres pièces où le style prophétique est suivi de près, pour raconter les péripéties de la passion. La musique de ces derniers surtout est admirable, et les anciens liturgistes louent tout spécialement leurs compositeurs, les « maîtres de l'Eglise romaine » (2), du VIIe et du VIIIe siècle. Tantôt Jésus parle, comme dans le quatrième répons du Jeudi saint : « Mon ami m'a livré avec un baiser comme signe. »

Ou bien cet autre au Vendredi :

« Tous mes amis m'ont abandonné, et se levant ont combattu contre moi ; il m'a livré, celui que j'aimai :

(1) Le ton plein ou le demi-ton, suivant l'échelle du mode employé.

(2) C'est-à-dire les maîtres de chant de la *Schola cantorum*. Cf. mes *Origines du chant romain*, p. 111.

« Et m'ayant frappé d'une plaie cruelle aux yeux terrifiés, ils m'abreuvaient de vinaigre.

« Entre les scélérats ils m'ont jeté, et ils n'ont pas épargné ma vie : Et m'ayant frappé, etc. »

Et quelle profondeur d'angoisse et d'épouvante dans celui-ci :

« J'ai livré ma vie chérie aux mains des impies, et mon héritage a été réduit à celui des bêtes de la forêt : mon adversaire a donné de la voix contre moi, disant : Rassemblons-nous, et accourez pour le dévorer. Ils m'ont mis dans un désert solitaire, et la terre entière a pleuré sur moi : il ne s'est plus trouvé personne qui me reconnaisse et me fasse quelque bien (1). »

Tantôt on pleure sur le Christ souffrant :

« Jérusalem, lève-toi, et dépouille-toi de tes vêtements de fête : revêts la cendre et le cilice, * parce qu'en toi a été tué le Sauveur d'Israël.

« Fais couler comme un torrent les larmes jours et nuits, et que la pupille de ton œil ne se taise point, * parce qu'en toi a été tué le Sauveur d'Israël (2). »

« Voilà comment meurt le Juste, et personne n'en a le cœur ému : les hommes justes sont enlevés, et personne n'y fait attention : le Juste a été soustrait à la vue de l'impie, * et sa mémoire demeurera en paix.

« Comme un agneau devant celui qui le tond, il s'est tu ; il n'a point ouvert sa bouche : mais il a été soustrait à l'angoisse et au jugement, * et sa mémoire demeurera en paix (3). »

Mais il faudrait tout citer, et faire connaître

(1) VIe Répons du Vendredi Saint : *Animam meam dilectam.*

(2) IIe Répons du Samedi Saint : *Jerusalem surge.*

(3) VIe Répons du Samedi Saint : *Ecce quomodo.*

encore d'autres répons magnifiques, tombés en désuétude. La liturgie ancienne, en effet, laissait la liberté d'augmenter le répertoire de l'office, soit avec de nouvelles antiennes solennelles, par exemple pour les cantiques évangéliques, soit avec des répons. On puisait à volonté dans le choix ancien ou les compositions nouvelles. Parmi ces pièces adventices, le rit ambrosien et certaines églises des Gaules, et même de Rome, dès au moins le IXe siècle (1), chantaient un répons fort expressif que certains manuscrits attribuent à saint Ambroise, en l'honneur de la Mère des douleurs. Par une coïncidence singulière, on retrouve les idées, les termes, la forme responsoriale même de cette pièce dans un *oikos* grec composé au VIe siècle par le poète liturgique Romanos pour le Vendredi Saint. C'est Marie qui parle :

« Tu vas, dans ta bonté, t'immoler pour tous ; il n'est pas accouru au-devant de toi, Pierre, qui disait : Je mourrai pour toi ; Thomas t'a abandonné, qui criait : Mourons tous avec lui ! * Et aucun d'eux n'est là, mais toi seul * qui m'as gardée immaculée, mon fils et mon Dieu.

« (verset). Ils promettaient de te suivre en prison et à la mort : mais t'ayant abandonné, ils se sont enfuis. * Et aucun d'eux n'est là, mais toi seul.

« (autre verset). Venez, et voyez l'Homme-Dieu pendu sur la croix ; * [lui] Qui m'a gardée immaculée, mon fils et mon Dieu (2). »

(1) Antiphonaire de Charles le Chauve.

(2) Vadis propitiator ad immolandum pro omnibus : non tibi occurrit Petrus, qui dicebat : Pro te moriar ; reliquit te Thomas, qui clamabat dicens : Omnes cum eo moriamur ; * et nullus de illis, sed tu solus duceris, * qui immaculatam me conservasti, filius et Deus

J'ai tenu à donner ce spécimen, le plus ancien peut-être, de la piété envers les douleurs de Marie.

*
* *

C'est sur le plan des offices précédents qu'on a calqué l'office des morts. Aux nocturnes, il n'y a d'autre différence dans la forme générale que la présence du psaume invitatoire ; on ne dit néanmoins celui-ci qu'au jour de l'enterrement et à celui de la commémoration de tous les défunts, avec les trois nocturnes. Les autres jours, on ne dit qu'un seul nocturne : le premier sert pour le lundi et le jeudi, le second pour le mardi et le vendredi, le troisième pour le mercredi et le samedi.

Les leçons sont prises toutes dans le Livre de Job, où le saint pénitent, confessant sa misère, proclame sa foi en Dieu qui le ressuscitera au dernier jour.

Primitivement, les répons étaient sans doute tirés tous du même livre. Mais il n'y a presque plus trace des répons primitifs, la piété de l'Eglise en ayant ajouté au cours des siècles plusieurs autres, qui ont fini par donner à l'office la forme où nous le chantons actuellement. Et il en est de fort beaux, comme ces cris de l'âme déjà plongée dans le *Scheol :*

« Péchant chaque jour, sans me repentir, la crainte de la mort me bouleverse ; * car il n'y a

meus. ℣ Promittentes tecum in carcerem et in mortem ire, relicto te, fugerunt : * Et nullus. ℣. Venite et videte Deum et hominem pendentem in cruce : * Qui.

On pourra consulter sur cette pièce Dom CAGIN, *Paléographie musicale*, v, 7-11, 26-28, et la réponse de Dom POTHIER, *Revue du chant grégorien*, VI, 17-20.

en enfer aucune rédemption : aie pitié de moi, ô Dieu, et sauve-moi (1). »

« Délivre-moi, Seigneur, des voies de l'enfer, toi qui en as brisé les portes d'airain : tu as visité l'enfer, pour donner la lumière, afin qu'ils te voient, à * ceux qui étaient dans les peines des ténèbres.

« (verset). Ils criaient et disaient : Tu viens enfin, notre Rédempteur ; * ceux qui étaient dans les peines des ténèbres (2). »

Ce répons lui-même, qui dans sa forme curieuse, rappelle la descente du Christ aux limbes après sa mort, est à son tour remplacé à certaines occasions par un autre, qui n'est pas antérieur au xe siècle, le grandiose et fameux *Libera* qu'on chante aussi à l'absoute. Composé d'abord pour porter le corps au cimetière, il était formé de plus de versets qu'aujourd'hui ; et, en diverses églises, on en augmentait encore le nombre, jusqu'à dix-sept et plus.

Mon intention n'est point de donner ici tous les versets ajoutés à ce répons : il y en a trop et tous n'ont pas le même intérêt. Mais, en reproduisant la teneur intégrale de la pièce primitive, je mettrai à la suite les versets les plus répandus et les plus remarquables, qui font de ce chant une des plus belles méditations qui soient sur les fins dernières et le jugement éternel (3). C'est même là une marque de son origine plus récente. « Il n'a pas le caractère de ces prières des premiers chrétiens devant la mort, caractère de paix, de confiante tranquillité, de ferme

(1) VIIe Répons, *Peccantem me.*

(2) IXe Répons, *Libera me, Domine, de viis infernis.*

(3) Cf. *Revue du chant grégorien*, XIII, 66 et s.

espérance, bien plus que d'épouvante et de terreur que l'idée de la fin prochaine du monde inspira au moyen âge (1). » Ce n'est point en somme, l'élan de confiance de l'homme purifié, vers le moment où il sera réuni à son Dieu, c'est le cri presque désespéré du pécheur devant le jour du jugement qui s'approche. Le *Libera* a été directement inspiré par les idées millénaires.

Texte primitif.

« Délivre-moi, Seigneur, de la mort éternelle, en ce jour de frayeur. * Quand les cieux et la terre seront ébranlés.

« 1er verset. Je suis devenu tremblant et je crains, tandis que s'approche la discussion et la colère future. * (on répète : « Quand les cieux », à chaque verset).

« 2e verset. Ce jour, jour de colère, de calamité et de misère, jour grand et combien amer !

« 3e verset. Quoi donc, moi si misérable, quoi pourrais-je dire ou faire, n'ayant rien accompli de bon, devant un si grand juge (2) ? »

Voilà donc la forme primitive de cette prière célèbre.

Voici maintenant quelques-uns des autres versets qui lui furent ensuite ajoutés, complétant d'une touchante façon ce poème de l'épouvante spirituelle :

(1) Dom CABROL, *Dict. d'archéol. chrét. et de liturgie*, I, 201.

(2) Libera me, Domine, de morte æterna, in die illa tremenda : * Quando cæli movendi sunt et terra.

℣. Tremens factus sum ego, et timeo, dum discussio venerit, atque ventura ira.

℣. Dies illa, dies iræ, calamitatis et miseriæ, dies magna et amara valde.

℣. Quid ego miserrimus, quid dicam vel quid faciam, cum nil boni perferam, ante tantum Judicem ?

« Alors tu viendras juger le siècle par le feu
* Quand les cieux, etc., (comme plus haut).

« Toutes les tribus de la terre pleureront sur elles.

« A peine si le juste sera sauvé ! Et moi, misérable, comment comparaîtrai-je ?

« Maintenant, Christ Rédempteur, je t'en prie, aie pitié : toi qui es venu racheter, viens sauver pour toujours.

« Les Anges et les Archanges trembleront : où les impies seront-ils (1) ? »

Mais à la frayeur, succède peu à peu la supplication, puis la confiance :

« Fils de Dieu, qui es venu racheter ceux qui étaient perdus, daigne ne pas condamner ceux que tu as rachetés : exauce, ô bon Jésus, les gémissements de ceux qui crient vers toi de cette vallée de larmes, et n'observe pas la mesure de vengeance qu'appellent leurs crimes, ô Dieu bon ! »

« Créateur de tous, Dieu, qui m'as formé de la boue de la terre, et merveilleusement m'as racheté de ton propre sang : bien que mon corps pourrisse déjà, fais-le ressusciter du sépulcre au jour du jugement : exauce, exauce, exauce-moi, ô Dieu ; et ordonne que mon âme soit placée dans le sein d'Abraham ton patriarche (2). »

(1) Dum veneris judicare sæculum per ignem.
Plangent se super se omnes tribus terræ.
Vix justus salvabitur : et ego miser ubi apparebo ?
Nunc Christe, te deprecor, miserere, peto :
Qui venisti redimere, perpetim veni salvare.
Tremebunt angeli et archangeli : impii autem ubi parebunt ?

(2) Fili Dei, qui venisti redimere perditos, noli damnare redemptos : de valle fletus ad te clamantium, o bone Jesu, exaudi gemitum : nec mensuram observes criminum, pie Deus.

Creator omnium rerum Deus, qui me de limo terræ formasti, et mi-

*
* *

Nous venons de saisir un procédé cher aux glossateurs liturgiques du bas moyen âge : l'addition aux pièces les plus célèbres de versets de tout genre, de tropes, de séquences, de proses. Le répons *Libera* n'est point le seul de ce genre, il en est quelques autres également. Toutefois, la verve de ces compositeurs, dans les matines, s'exerça surtout sur le dernier répons de l'office ou le dernier de chaque nocturne, d'après le procédé suivant.

Pour solenniser un répons, on ajouta d'abord aux derniers mots une longue vocalise, un *jubilus*, une « séquence » que se répondaient les deux chœurs. Puis vinrent des littérateurs qui adaptèrent des paroles à ces mélodies pures : ce furent des proses. Enfin, il y eut de ces proses, des petites proses, prosules, interchangeables, et qu'on pouvait à volonté employer ou non, intercaler dans un office ou dans un autre. L'*Ave verum corpus*, par exemple, est une de ces prosules qu'on intercalait aussi bien entre le *Benedictus* et l'*Hosanna*, à la messe, qu'à la fin d'un répons, aux nocturnes. L'*Inviolata* est une des plus anciennes compositions de ce genre, trope en forme de séquence faite pour le répons *Gaude Maria... Virgo inviolata permansisti.* Sur l'avant-dernier mot, on intercala une séquence vocalisée, et enfin, en y adaptant des paroles, la prière que nous chantons encore, qui commence par le mot *inviolata* et se termine par *inviolata per-*

rabiliter proprio sanguine redemisti : corpusque meum licet modo putrescat, de sepulcro facias in die judicii resuscitari ; exaudi, exaudi, exaudi me, Deus : et animam meam in sinum Abrahæ patriarchæ tui jubeas collocari.

mansisti, sur le chant même de la finale du répons. Mais on ne chante plus cette prose à l'office.

Les leçons, l'invitatoire, à une certaine époque le *Te Deum* lui-même, n'ont pas échappé à cette ... manie d'interpolations ; heureusement ce n'était pas partout qu'on en agissait ainsi, et cette mode n'eut qu'un temps. Mais, à la même époque, c'est-à-dire à partir du IXe siècle et du Xe, nous voyons s'introduire entre le dernier répons et le *Te Deum,* pour les fêtes solennelles, ni plus ni moins qu'un drame liturgique chanté, prototype des mystères. Pâques, Noël, l'Ephiphanie furent surtout les jours ainsi célébrés, et cette coutume persista de longs siècles ; elle échappa même à la réforme luthérienne dans certains pays suédois, alors que la majeure partie de l'office antique disparaissait. Quelquefois, ces drames étaient exécutés sur des paroles écrites spécialement ; d'autres fois, on les formait de pièces diverses juxtaposées, enrichies d'une mise en scène plus ou moins compliquée, mais toujours de caractère hiératique. Un très intéressant type de ce genre est le suivant, qu'on célébrait à Notre-Dame de Paris, la nuit de Pâques.

Après le troisième et dernier répons du nocturne qui était *Et valde mane,* trois enfants de la Schola vêtus d'une aube blanche s'avancent vers une représentation du sépulcre érigée au milieu du chœur. Là des anges les arrêtent, et le dialogue s'engage, mise en œuvre d'une antienne processionnelle très en usage alors :

« Que cherchez-vous au sépulcre, ô vous qui honorez le Christ ? — Nous cherchons Jésus de Nazareth crucifié, ô habitants du ciel. — Il n'est pas ici, mais il est ressuscité comme il l'avait dit. Allez, annoncez qu'il est ressuscité. »

Alors, les saintes femmes se tournent vers le chœur et s'avancent en chantant le *Victimæ paschali.* Mais le préchantre les arrête à nouveau au milieu du chœur et leur dit le verset : *Dic nobis, Maria,* « Dis-nous, Marie, qu'as-tu vu en chemin ? » La première femme seule : « J'ai vu le sépulcre du Christ vivant et la gloire du ressuscité. » La seconde seule : « Les anges témoins, le linceul et les linges. » La troisième : « Il est ressuscité, le Christ, mon espérance, il précède les siens en Galilée. » Alors le préchantre s'adresse au chœur, leur disant : « Il vaut mieux croire à la véracité de la seule Marie qu'à la foule menteuse des Juifs (1). » Et là-dessus, tout le chœur s'écrie la dernière clausule de la prose : « *Scimus Christum surrexisse,* » et l'évêque entonne ensuite le *Te Deum* pour clore liturgiquement l'office.

*
* *

Ainsi, l'office ne cessait d'être vivant. Clergé et fidèles suivaient religieusement les nocturnes, en union avec les chrétiens de tous les siècles, en souvenir des premières veillées des Apôtres, et leur piété y trouvait un aliment sans cesse nouveau.

Mais, de siècle en siècle, nous voyons l'assistance aux nocturnes de plus en plus rare. Il y a quelque trente ans, on célébrait encore un peu partout les vigiles de Noël, et en beaucoup

(1) Credendum est magis soli
Mariæ veraci
Quam Judæorum turbæ fallaci.
Cette strophe a été supprimée lors de la réforme du missel par Pie V. Cf. *Tribune de Saint-Gervais,* IX, 155.

d'endroits celles des grandes fêtes, chantées de bon matin ou la veille au soir, comme l'autorise la liturgie. Les « ténèbres » de la Semaine Sainte, anticipés ordinairement à l'après-midi du jour précédent, commencement du jour liturgique, ont eu une vie plus tenace. Cependant, en combien d'églises les chante-t-on encore intégralement ?

Une dévotion nouvelle et touchante, l' « adoration perpétuelle », réunit maintenant, souvent, au moins dans les grandes villes, des groupes d'hommes pour une veillée nocturne. Fréquemment, on y fait lire précisément l'office des vigiles de la fête du Saint Sacrement : pourquoi ne les ferait-on point chanter ?

Et l'on méditera le mot des vieux historiens que nous avons lu plus haut :

« Ces hommes admirables... s'appliquèrent à promouvoir la dévotion populaire aux prières de nuit comme à celles du jour... C'est alors que fut institué le chant des hymnes et des psaumes, de peur que le peuple ne succombât à l'ennui. »

TABLE

30-08. — Imp. des Orph.-Appr., F. BLÉTIT, 40, rue La Fontaine, Paris-Auteuil.

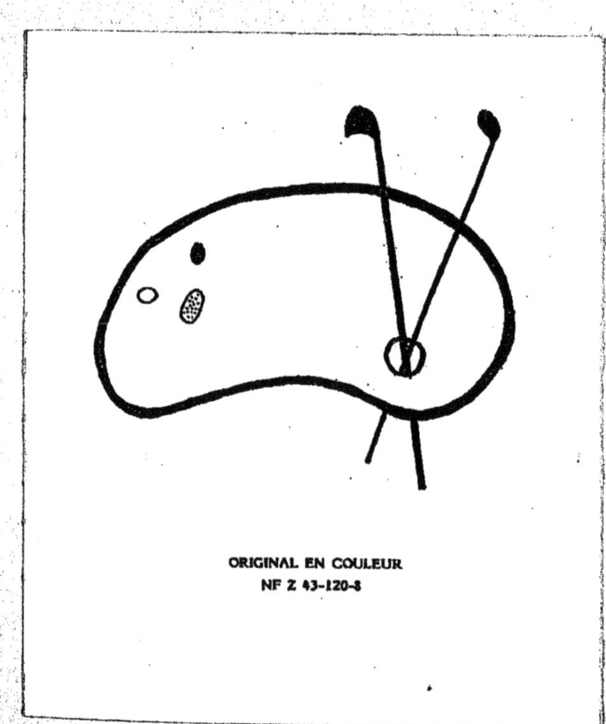
ORIGINAL EN COULEUR
NF Z 43-120-8

www.ingramcontent.com/pod-product-compliance
Ingram Content Group UK Ltd.
Pitfield, Milton Keynes, MK11 3LW, UK
UKHW020341250726
13967UKWH00005B/2050

9 782011 927248